WATCHMAN NEE

Das normale Christenleben

» . . . doch nun nicht ich,
sondern Christus lebt i

R. Brockhaus Verlag Wuppertal

R. Brockhaus Taschenbücher Bd. 188

Die englische Ausgabe erschien unter dem Titel THE NORMAL CHRISTIAN LIFE im Verlag der VICTORY PRESS Ltd., London
Von A. I. Kinnear leicht gekürzt · Übersetzung von Helga D. Stewart

11. Auflage 1970, 45. Tausend
1. Taschenbuchauflage Juli 1971
2. Taschenbuchauflage November 1971

Grafik: Paul Reding, Waltrop
Gesamtherstellung: Breklumer Druckerei Manfred Siegel

ISBN 3-417-00340-7

Inhalt

Vorwort zur ersten Auflage

Der Autor dieser Schrift, Mr. Watchman Nee (Nee To-sheng) von Foochow, ein wirklicher Sklave Jesu Christi, hat viele von uns zu seinen Schuldnern gemacht, als er bei einem Europabesuch 1938 und 1939 in zahlreichen Kreisen junger Mitarbeiter diente und uns die Grundlagen des christlichen Lebens und Wandels so deutlich vor Augen führte.

Mehrere Vorträge, aus denen der Stoff für dieses Buch zusammengetragen wurde, sind bereits anderweitig veröffentlicht und vielen zum Segen geworden. Andere bestanden lange nur in Manuskript oder Konzept. In der Überzeugung, daß auch sie weitere Verbreitung verdienen, wurde die Herausgabe des verfügbaren Materials zu dem vorliegenden Buch unternommen.

Da persönliche Verbindung mit dem Verfasser zur Zeit unmöglich ist, bin ich für die Herausgabe voll verantwortlich.

Aus Vorträgen, persönlichen Notizen, Gesprächen und einigen Übersetzungen aus dem Chinesischen ergab sich eine Vielfalt des Materials, daß die Zusammenstellung eine gewisse Freizügigkeit erforderte. Die Hand des Herausgebers wurde dadurch deutlicher als von mir erwünscht.

Der enge Kontakt mit Mr. Nee während des Jahres 1938 sowie die Hilfe und Kritik anderer, die mit ihm zusammenarbeiteten und ihn besser kannten als ich, trugen dazu bei, daß das Gedankengut des Verfassers in den wenigen nötigen Ergänzungen nach besten Kräften gewahrt wurde.

Die Arbeit an diesem Buch war ein tiefgreifendes Erlebnis. Es wird nun mit dem Gebet dem Leser gebracht, daß Gott die eindrückliche Darstellung unseres Herrn und seines vollendeten Werks benützen möge, um seine Kinder zu vermehrter geistlicher Reife und Brauchbarkeit zu führen.

Bangalore, Indien
1957 Angus I. Kinnear

Vorwort zur englischen Auflage

Die neue Auflage erscheint mit einigen Verbesserungen und gelegentlichen Ergänzungen aus neu entstandenen Quellen. Der Leser wird noch einmal darauf hingewiesen, daß der Inhalt der Schrift dem gesprochenen Wort des Verfassers entstammt. Er ist daher weder völlig systematisch, noch sind die einzelnen Punkte erschöpfend behandelt. Das Buch will betend zur Hand genommen werden als lebendige Botschaft, die sich vielmehr an unser Herz als an den Verstand richtet.

1. Das Blut Jesu Christi

Was ist das: normales Christenleben? Soviel wollen wir von vornherein sagen, daß es etwas durchaus anderes ist als das Leben eines Durchschnittschristen. Zwar drängt sich dem Leser der Heiligen Schrift — etwa der Bergpredigt — die Frage auf, ob ein solches Leben überhaupt je auf Erden gelebt wurde außer von dem Sohn Gottes selbst. Diese Einschränkung aber enthält die Antwort auf unsere Frage.

Paulus sagt in seiner Definition des Christenlebens in Gal 2, 20: »... doch nun nicht ich, sondern Christus.« Er bezeichnet damit nichts Außergewöhnliches, Eigenartiges im Sinne eines besonders hochentwickelten Christenstandes. Vielmehr nennt er Gottes Norm für den Christen schlechthin: Nicht mehr ich lebe, sondern Christus lebt sein Leben in mir.

Gott macht es in seinem Wort ganz klar, daß er auf jedes menschliche Problem nur eine Antwort hat: seinen Sohn Jesus Christus. Sein Handeln an uns geschieht, indem er uns auf die Seite und Christus an unsere Stelle setzt. Der Sohn Gottes starb an unserer Statt, damit wir Vergebung erlangen. Er lebt an unserer Statt, damit wir frei werden. So können wir von einer doppelten Stellvertretung sprechen, der Stellvertretung am Kreuz, die uns Vergebung, und der Stellvertretung in uns selbst, die uns Freiheit erwirkt. Es wird uns vor manchem Irrtum bewahren, wenn wir uns ständig vor Augen halten, daß Gott alle unsere Fragen nur auf eine einzige Weise beantwortet: indem er uns mehr von seinem Sohn zeigt.

Unser zwiefältiges Problem: Sünden und Sünde

Wir gehen von der umfassenden Darstellung des normalen Christenlebens aus, die wir in den ersten acht Kapiteln des Römerbriefs finden, und werden diese Aussagen von der praktischen Erfahrung her beleuchten.

Römer 1—8 zerfällt in zwei Abschnitte. Dem sorgfältigen Leser geht auf, daß in diesen Abschnitten von zwei auffallend verschiedenen Dingen die Rede ist. Der erste reicht bis Kap.

5, 11, und der zweite von 5, 12 bis 8, 39. Im ersten Teil finden wir, daß vorzugsweise das Mehrzahlwort »Sünden« gebraucht wird, wogegen im zweiten immer wieder von »der Sünde«, aber kaum einmal von »Sünden« die Rede ist. Warum?

Der erste Teil handelt von den Sünden, die ich vor Gott begangen habe, die sich aufzählen lassen und deren Zahl groß ist. Der zweite handelt von der Sünde als einem Prinzip, das mir innewohnt. Gleichgültig, wie viele Sünden ich begehe, ist es immer das eine Prinzip der Sünde, das mich dazu treibt. Für meine Sünden brauche ich Vergebung, aber von der Macht der Sünde brauche ich Erlösung, Befreiung. Das eine betrifft mein Gewissen, das andere mein Leben. Es kann sein, daß mir alle meine Sünden vergeben sind, daß ich aber wegen meiner Sünde trotzdem noch keinen bleibenden Frieden habe.

Wenn Gottes Licht zum ersten Mal in mein Herz scheint, so flehe ich um Vergebung, denn ich erkenne, daß ich vor ihm gesündigt habe. Aber nachdem ich einmal Vergebung für meine Sünden erlangt habe, mache ich eine neue Entdeckung, nämlich die der Sünde. Nicht nur habe ich Sünden begangen, sondern auch tief in mir ist etwas verkehrt. Ich habe die Natur des Sünders, eine innere Neigung zur Sünde, eine Macht, die zur Sünde hinzieht. Wenn diese Macht zum Durchbruch kommt, begehe ich Sünden. Ich mag Vergebung suchen und erlangen, aber danach sündige ich wieder. So verläuft mein Leben in einem geschlossenen Kreis von sündigen, Vergebung erlangen und wieder sündigen. Zwar erfasse ich dankbar die kostbare Tatsache der göttlichen Vergebung, aber ich brauche mehr: ich brauche Befreiung.

Vergebung für das, was ich getan habe.
Befreiung von dem, was ich bin.

Gottes zwiefältige Antwort: Das Blut und das Kreuz

In Römer 1–8 werden uns zwei Seiten unserer Erlösung dargestellt, erstens die Vergebung unserer Sünden und zweitens die Befreiung von der Sünde. Im Einklang damit zeigt sich ein weiterer Unterschied zwischen den beiden Teilen. Im ersten wird zweimal das Blut des Herrn Jesus genannt (Kap. 3, 25 und Kap. 5, 9). Der zweite Teil entwickelt in Kap. 6, 6 den neuen Gedanken, daß wir mit Christus gekreuzigt sind. Zuerst also wird dargelegt, daß das Blut Jesu für die Vergebung unserer Sünden und für unsere Rechtfertigung vergossen wurde. Diese Wendungen werden jedoch im zweiten Teil beiseite gelassen. Dort geht es um »das Kreuz«, um unsere Vereinigung mit Christus in seinem Tod, in seinem Begrabensein und in seiner Auferstehung. Diese Unterscheidung ist wesentlich. Sie zeigt, daß das Blut mit unseren Taten und das Kreuz mit unserem Sein zu tun hat. Das Blut nimmt unsere Sünden hinweg, während im Kreuz unserer Fähigkeit zur Sünde an die Wurzel gegriffen wird. Davon wird in folgenden Kapiteln noch die Rede sein.

Das Problem unserer Sünden

Wir beginnen also bei dem kostbaren Blut unseres Herrn Jesus Christus und seiner Bedeutung hinsichtlich unserer Sünden und unserer Rechtfertigung vor Gott. Die folgenden Schriftstellen geben uns darüber Aufschluß:

Rö 3, 23: »Sie sind allzumal Sünder.«

Rö 5, 8—9: »Gott erweist seine Liebe gegen uns darin, daß Christus für uns gestorben ist, da wir noch Sünder waren. Um wieviel mehr werden wir durch ihn bewahrt werden vor dem Zorn, nachdem wir jetzt durch sein Blut gerecht geworden sind.«

Rö 3, 24—26: ». . . und werden ohne Verdienst gerecht aus seiner Gnade durch die Erlösung, die durch Christus Jesus geschehen ist. Den hat Gott für den Glauben hingestellt in seinem Blut als Sühnopfer, damit er seine Gerechtigkeit erweise. Denn er hat die Sünden vergangener Zeiten getragen in göttlicher Geduld, um nun zu diesen Zeiten seine Gerechtigkeit zu erweisen, auf daß er allein gerecht sei und gerecht mache den, der da ist des Glaubens an Jesus.«

Später werden wir noch auf das Wesen des Sündenfalls und den Weg unserer Heilung eingehen. An dieser Stelle wollen wir festhalten, daß die Sünde in einem Akt des Ungehorsams gegen Gott ihren Einzug hielt (Rö 5, 19). Der Sünde aber folgt das Gefühl der Schuld auf dem Fuß. Die Sünde verursacht vor allen Dingen eine Trennung zwischen Gott und Mensch, wobei der Mensch von Gott fortgetrieben wird. Gott kann keine Gemeinschaft mehr mit ihm haben, denn es besteht ein Hindernis, eben jenes Hindernis, das die ganze Bibel hindurch mit dem Namen »Sünde« bezeichnet wird.

Zuerst ist es Gott, der sagt: »Alle sind unter der Sünde« (Rö 3, 9). Dann aber erweckt die Sünde, da sie eine Schranke vor die Gemeinschaft mit Gott setzt, im Menschen das Gefühl der Schuld, der Entfremdung von Gott. Nun ist es der Mensch selbst mit seinem erwachten Gewissen, der sagt: »Ich habe gesündigt« (Lk 15, 18). Damit noch nicht genug, liefert die Sünde auch Satan die Ursache für seine Anklage vor Gott; unser Schuldgefühl ist für ihn der Anlaß zu seiner Anklage in unserem Herzen. Drittens also sagt »der Verkläger der Brüder« (Offb 12, 10): »Du hast gesündigt.«

Um uns zu erlösen und in unsere göttliche Bestimmung zurückzubringen, mußte Jesus diesem dreifachen Schuldurteil begegnen. Zuerst mußten unsere Sünden getilgt werden. Dies geschah durch sein kostbares Blut. Dann ist unser schuldbeladenes Gewissen zu beruhigen, indem uns die Kraft des Blutes gezeigt wird. Schließlich muß Jesus dem Angriff des Feindes begegnen und auf seine Anklagen antworten. Die Schrift zeigt uns, wie das Blut Christi in diese drei Richtungen wirkt: auf Gott, auf den Menschen und auf Satan hin.

Es ist für uns unerläßlich, daß wir uns diesen dreifachen Wert des Blutes einprägen, ehe wir weitergehen. Wir müssen uns klar sein über den stellvertretenden Tod des Herrn am Kreuz und über die Wirksamkeit seines Blutes für unsere Sünden. Ohne diese Einsichten sind wir noch nicht am Anfang unseres Weges. Wollen wir uns darum jene drei Dinge näher ansehen.

Das Blut ist für Gott

Blut ist das Mittel zur Sühne und ist daher entscheidend für unseren Stand vor Gott. Um nicht unter das Gericht zu fallen, brauchen wir Vergebung für unsere Sünden. Diese erlangen wir nun nicht, weil Gott einfach übersieht, was wir getan haben, sondern weil er das Blut sieht. Es ist in erster Linie um Gottes willen, daß es vergossen wurde. Wenn ich den Wert des Blutes erfassen will, so muß ich den Maßstab annehmen, den Gott gebraucht. Solange ich nichts davon weiß, werde ich nie die Bedeutung des Blutes für mich erkennen. Nur indem ich vom Heiligen Geist unterwiesen werde, wieviel das Blut Jesu Christi bei Gott gilt, werde ich selbst seiner Wirkung teilhaftig und erkenne in Wahrheit, wie kostbar das Blut für mich ist. Aber das Wesentliche ist seine Bedeutung für Gott. Als Mittel zur Sühne ist das Wort »Blut« im Alten und Neuen Testament etwa hundertmal gebraucht, und immer wird es für Gott vergossen.

Im 2. Buch Mose wird die Schlachtung des Passah-Lammes zur Erlösung Israels aus Ägypten beschrieben. Es ist wohl einer der deutlichsten Hinweise im Alten Testament auf unsere Erlösung. Mit dem Blut wurden die Oberschwelle und die Türpfosten der Häuser bestrichen, während das Fleisch des Lammes im Hause gegessen wurde. ». . . daß, wenn ich das Blut sehe, ich an euch vorübergehe«, sprach Gott (2 Mo 12, 13). Nicht für die Menschen war das Blut. Die saßen beim Mahl im Innern des Hauses und sahen es gar nicht. Es war außen an dem Türrahmen, damit Gott es sehen sollte.

Gott ist Genüge getan

Gottes Heiligkeit und Gerechtigkeit erfordern ein sündloses Leben als Sühneopfer für den Menschen. Im Blut ist Leben, und Blut muß für mich, für meine Sünden vergossen werden. Gott verlangt es. Er ist es, der sagt: »Das Blut soll euer Zeichen sein, daß, wenn ich das Blut sehe, ich an euch vorübergehe.« Das Blut Jesu Christi nun leistet Gott völliges Genüge.

Ich möchte hier meinen jüngeren Geschwistern im Glauben

ein Wort sagen, weil wir an dieser Stelle oft in Schwierigkeiten geraten. Als Ungläubige mögen wir von unserem Gewissen völlig in Ruhe gelassen worden sein, bis das Wort Gottes begann, uns wach zu machen. Unser Gewissen war tot. Und Gott kann ganz gewiß keine Menschen mit totem Gewissen gebrauchen. Später aber, nachdem wir gläubig geworden waren, konnte es geschehen, daß unser Gewissen ungemein empfindlich wurde und uns schwer zu schaffen machte. Das Bewußtsein unserer Sünde und Schuld wurde so stark, so erschreckend, daß wir davon nahezu gelähmt wurden, weil wir den klaren Blick für die Kraft des Blutes verloren. Vielleicht beschwerte uns eine immer wiederkehrende Sünde ganz besonders; allenfalls kamen wir an den Punkt, wo das Blut Christi von der Größe und Vielzahl unserer Sünden ganz in den Hintergrund gedrängt wurde.

In einer solchen Lage besteht unsere Not darin, daß wir die Kraft des Blutes subjektiv empfinden wollen. Das aber ist nicht möglich. Das Blut ist in erster Linie vergossen worden, damit *Gott* es ansehen soll. Wir müssen Gottes Wertmaßstab dafür annehmen, dann erst werden wir erfahren, was das Blut für uns bedeutet. Wenn wir andererseits aber die Bedeutung des Blutes für uns von unseren Gefühlen ableiten, so gehen wir leer aus und bleiben im Dunkeln. Es ist ganz einfach eine Frage des Vertrauens auf Gottes Wort. Wir müssen glauben, daß das Blut in Gottes Augen kostbar ist, weil er es gesagt hat (1 Petr 1, 18 bis 19). Wenn Gott das Blut als Sühne für unsere Sünden und als Preis unserer Erlösung annehmen kann, dann können wir voll und ganz versichert sein, daß die Schuld bezahlt ist. Unsere Bewertung ist gänzlich von der seinigen abhängig. Sie kann nicht höher, darf aber auch nicht geringer sein. Wollen wir bedenken, daß er heilig und gerecht ist, und daß es ihm zusteht zu sagen, daß das Blut vor seinen Augen angenehm ist und alle seine Forderungen erfüllt.

Ist das Blut genug für Gott, so muß es auch für uns genug sein. Die zweite Wirkung des Blutes richtet sich auf den Menschen hin. Im Hebräerbrief finden wir, daß das Blut unser Gewissen reinigt. Wir sollen »hinzugehen . . . besprengt in unsern Herzen und los von dem bösen Gewissen« (Hebr 10, 22).

Es ist wichtig, daß wir den Sinn dieser Worte genau erfassen. Es wird nicht gesagt, daß das Blut des Herrn unsere Herzen reinige. Das Gebet: »Herr, reinige mein Herz von der Sünde durch dein Blut!« zeigt möglicherweise ein falsches Verständnis dessen, was das Blut an uns vollbringt. Gott sagt: »Das Dichten und Trachten des menschlichen Herzens ist böse von Jugend auf« (1 Mo 8, 21). Darum muß viel mehr mit unserem Herzen geschehen als eine Reinigung: Gott muß uns ein neues geben. Kleider, die wir wegwerfen wollen, waschen und bügeln wir nicht mehr. Das »Fleisch« ist zu verderbt, um noch gereinigt werden zu können, es muß gekreuzigt werden. Gott muß etwas völlig Neues in uns wirken. »Ich will euch ein neues Herz und einen neuen Geist in euch geben . . .« (Hes 36, 26).

Nirgends in der Schrift finden wir, daß das Blut unsere Herzen reinigt, sondern seine Wirkung ist gänzlich objektiv vor Gott. Zwar wird es in Hebr 10 zusammen mit dem Herzen genannt: ». . . besprengt in euren Herzen und los von dem bösen Gewissen . . .«, aber seine reinigende Kraft bezieht sich hier auf unser Gewissen. Wir können es so erklären, daß zwischen Gott und mir etwas stand, und ich deshalb immer ein schlechtes Gewissen hatte, wenn ich mich ihm nähern wollte. Nun ist aber durch die Wirkung des kostbaren Blutes vor Gott etwas geschehen, was diese Schranke entfernte. Gott hat mich in seinem Wort von dieser Tatsache unterrichtet, und sobald ich sie im Glauben annehme, ist mein Gewissen von aller Schuld frei.

Wir alle wissen, wie köstlich es ist, in unserem Umgang mit Gott ein gutes Gewissen zu haben. Ein gläubiges Herz und ein Gewissen, das von jeder Anklage frei ist, sind gleich wichtig für uns, denn das eine bedingt das andere. Sowie uns das Gewissen bedrückt, schwindet auch unser Glaube, und sofort scheuen wir uns, Gott gegenüberzutreten. Um in ständigem Umgang mit ihm zu bleiben, müssen wir den objektiven, immer gegenwärtigen Wert des Blutes verstehen. Gott läßt nichts anstehen. Das Blut gewährt uns täglich, stündlich, ja, jede Minute Zutritt. Seine Wirkung ist nie abgeschwächt, solange wir es nur in Anspruch nehmen.

Aber wir wollen uns selbst prüfen, ob wir uns wirklich nur durch das Blut Gott zu nähern suchen. Was bedeutet »nur durch das Blut« praktisch für mich? Es bedeutet, daß ich um meine Sünden weiß, daß ich bekenne, daß ich der Reinigung und Sühne bedarf und daß ich auf Grund des vollkommenen Erlösungswerks des Herrn Jesus komme. Immer ist es durch Gottes Verdienst, daß ich mich ihm nähern darf, und nie durch meine Leistung. Nie kann es zum Beispiel der Umstand sein, daß ich an einem Tag etwas gütiger und geduldiger war als sonst, oder daß ich etwas Besonderes für den Herrn getan habe. Ich muß jedesmal auf dem Weg des Blutes kommen.

Wenn uns Gott in besonderer Weise begegnet ist und uns mehr von seinem Wesen offenbart, uns tiefer ins Kreuz geführt hat, so besteht für so viele von uns die Versuchung, zu glauben, daß er damit auch neue Anforderungen an uns gestellt habe, denen wir gerecht werden müssen, um ein reines Gewissen vor ihm zu behalten. Nein! Durch unsere Leistungen haben wir niemals ein reines Gewissen, sondern nur durch das vergossene Blut des Herrn Jesus. Aber nach meiner Erfahrung neigen wir immer wieder dazu zu sagen: »Heute war ich mehr auf der Hut. Ich habe meine Sache ein wenig besser gemacht; heute morgen war ich mehr mit dem Herzen dabei, als ich im Wort las, darum kann ich jetzt besser beten.« Oder: »Heute kam ich mit meinen Angehörigen nicht zurecht; schon am Morgen war ich kleinmütig und launisch, und auch jetzt geht es mir nicht besser. Etwas muß nicht in Ordnung sein; ich kann nicht in die Nähe Gottes kommen.«

Was ist denn die Basis für unseren Zugang zu Gott? Kommen wir auf dem schwankenden Boden unseres Gefühls? Etwa des Gefühls, daß wir etwas für Gott geleistet haben? Oder kommen wir auf dem viel sichereren Boden der Tatsache, daß das Blut vergossen wurde und daß Gott das Blut ansieht und daran genug hat?

Natürlich wäre unser Zugang in Frage gestellt, wenn die Kraft des Blutes irgendeinem Wechsel unterworfen wäre. Aber das ist unmöglich. Das Blut bleibt zu allen Zeiten gleich. Wir dürfen uns Gott immer in Kühnheit nähern, in der Kühnheit, die uns durch das Blut und niemals durch unser Verdienst geschenkt wird. Was wir auch erreicht haben mögen, wenn wir uns bewußt ins Allerheiligste begeben wollen, so muß es auf dem sicheren und einzigen Weg durch das vergossene Blut geschehen. Ob du einen guten oder schlechten Tag hast, ob du bewußt gesündigt hast oder nicht, das Blut des Herrn ist dein Zugang und sonst nichts.

Wie auf vielen anderen Gebieten unseres Glaubenslebens, so gründet sich auch unser Zugang zu Gott auf einen ursprünglichen Akt und einen fortdauernden Prozeß. Ursprünglich wurde unsere Stellung vor Gott durch das Blut gesichert. Wir sind »nahe geworden durch das Blut Christi« (Eph 2, 13). Aber auch von da an ist es immer wieder auf Grund des Blutes, daß wir uns Gott nähern. Der Apostel ermahnt uns: »Weil wir denn nun, liebe Brüder, durch das Blut Jesu die Freiheit haben zum Eingang in das Heilige . . ., so lasset uns hinzugehen mit wahrhaftigem Herzen in völligem Glauben . . . « (Hebr 10, 19—22). Es ist also nicht so, daß meine Errettung auf einer und meine Gemeinschaft mit Gott auf einer anderen Tatsache beruht. Man mag sagen, daß dies zum Elementarsten des Evangeliums gehöre. Gewiß, aber der Haken liegt bei vielen von uns darin, daß wir uns vom Elementarsten entfernt haben. Wir glauben, fortgeschritten zu sein und die Grundstufen hinter uns lassen zu können. Aber das ist nicht so. Durch das Blut wurde mir der Weg zu Gott freigemacht und bleibt mir weiterhin bis zum Ende offen.

Das ist keine Aufforderung zum sorglosen Dahinleben. Wir werden bald an einer anderen Seite des Todes Christi sehen, daß das Gegenteil der Fall ist. Vorerst aber wollen wir festhalten, daß das Blut für uns da ist und daß es völlig ausreicht, um uns in Gottes Gemeinschaft zu bringen.

Wenn wir schwach sind, so macht uns die Betrachtung unserer Schwachheit nicht stärker. Alles Bemühen um Selbstzerknirschung und Buße bringt uns Gott nicht im geringsten näher. Darum wollen wir kühn und freudig um des Blutes willen zu ihm kommen und sagen: »Herr, ich verstehe den Wert des Blutes nicht völlig, aber ich weiß, daß es dir genügt; darum ist es auch für mich genug, und es ist alles, was ich vorzuweisen habe. Ich sehe nun, daß es keine Rolle spielt, ob ich im Glauben fortgeschritten bin und etwas erreicht habe. Ich komme, weil das kostbare Blut vergossen wurde.«

So haben wir wirklich ein klares Gewissen. »Kein Gewissen mehr . . . von Sünden« (Hebr 10, 2), das sind gewaltige Worte. Wir sind von jeder Sünde gereinigt und dürfen mit Paulus sagen: »Selig ist der Mann, dem der Herr die Sünde nicht zurechnet« (Rö 4, 8).

Die Überwindung des Verklägers

Nach dem Gesagten können wir nun auch dem Feind gegenübertreten. Eine weitere Wirkung des Blutes richtet sich ja auf Satan. Satans wichtigste Rolle in unserer Zeit ist die des »Verklägers unserer Brüder« (Offb 12, 10), und eben darin begegnet ihm unser Herr als der Hohepriester »durch sein eigen Blut« (Hebr 9, 12).

Was vermag das Blut über Satan? Es bringt Gott auf die Seite des Menschen im Kampf gegen Satan. Durch den Sündenfall kam etwas in den Menschen, das Satan bei ihm Fuß fassen ließ, worauf sich Gott notwendigerweise zurückziehen mußte. Nun befindet sich der Mensch außerhalb des Gartens – in Ermangelung des Ruhmes, den er vor Gott haben soll (Rö 3, 23) –, denn er ist innerlich von Gott entfremdet. Etwas ist durch eigenes Verschulden in den Menschen gekommen, das es Gott auf Grund seines Wesens unmöglich macht, sich auf seine Seite zu stellen. Aber das Blut nimmt das Hindernis weg und bringt Gott und Mensch wieder zusammen. Wir sind wieder angenehm vor ihm, und weil Gott auf unserer Seite ist, können wir Satan ohne Furcht gegenübertreten.

So heißt es ja im ersten Johannesbrief: »Das Blut Jesu Christi, seines Sohnes, macht uns rein von *jeder* Sünde« (1 Joh 1, 7). Nicht nur »rein von aller Sünde« im allgemeinen, sondern von jeder einzelnen Sünde. Was für eine wunderbare Tatsache ist das! Gott ist Licht und wenn wir mit ihm im Licht wandeln, ist alles an uns diesem Licht ausgesetzt, und Gott sieht alles. Und dennoch reinigt uns das Blut von jeder Sünde! Was für eine Reinigung! Es ist nicht so, daß ich eine ungenügende Selbsterkenntnis hätte oder daß mich Gott nur in unvollkommener Weise kennt. Ich versuche nicht, etwas zu verbergen, und Gott versucht nicht, etwas zu übersehen. Nein, wie er im Licht ist, so bin auch ich im Licht, und gerade da reinigt mich das kostbare Blut von jeder Sünde. So viel vermag das Blut.

Manche von uns sind gelegentlich versucht, angesichts ihrer bedrückenden Schwachheit zu glauben, daß es Sünden gibt, die vielleicht nicht vergeben werden können. Aber es heißt:». . . macht uns rein von jeder Sünde.« Große Sünden, kleine Sünden, Sünden, die ganz dunkel, und solche, die nicht ganz so schlimm zu sein scheinen, Sünden, die ich für vergebbar, und andere, die ich für unvergebbar halte, bewußt und unbewußtte, erinnerliche und vergessene Sünden, alle sind sie in dem Wort eingeschlossen: »Das Blut Jesu Christi seines Sohnes, macht uns rein von jeder Sünde.« Und das alles, weil das Blut Gott volle Genugtuung schafft.

Da Gott, der unsere Sünden im Licht sieht, alle auf Grund des Blutes vergeben kann, worauf will Satan seine Anklage stützen? Er mag uns anklagen, aber »Ist Gott für uns, wer mag wider uns sein?« (Rö 8, 31). Gott verweist ihn auf das Blut seines lieben Sohnes. Das ist eine Antwort, die Satan zum Schweigen bringt. »Wer will die Auserwählten Gottes beschuldigen? Gott ist hier, der da gerecht macht. Wer will verdammen? Christus ist hier, der gestorben ist, ja vielmehr, der auch auferweckt ist, welcher ist zur Rechten Gottes und vertritt uns« (Rö 8, 33—34).

So geht es auch hier für uns wieder darum, zu erkennen, daß das Blut vollkommen genügt. »Christus aber ist gekommen, daß er sei ein Hoherpriester ... und ist durch sein eigen Blut ein für allemal in das Heilige eingegangen und hat eine ewige Erlösung erworben« (Hebr 9, 11—12). Einmal war er der Erlöser. Fast zweitausend Jahre lang ist er Hoherpriester und Fürsprecher. Er steht vor Gott und ist »die Versöhnung für unsere Sünden« (1 Joh 2, 2). Und in Hebr 9, 14 steht: »Wie viel mehr wird das Blut Christi ... unser Gewissen reinigen.« Sein Werk ist vollkommen für Gott und für uns.

Wie steht es dann mit unserer Haltung Satan gegenüber? Hier haben wir eine wichtige Frage, denn er verklagt uns nicht nur bei Gott, sondern auch in unserem eigenen Gewissen. »Du hast gesündigt und sündigst weiter. Du bist schwach, Gott kann nichts mehr mit dir zu tun haben«, lautet sein Argument. Unsere Anfechtung ist es dann, auf uns zu schauen und bei uns selbst, in unseren Gefühlen oder Handlungen den Beweis finden zu wollen, daß Satan unrecht hat. Oder wir neigen zum anderen Extrem, gestehen unsere Hilflosigkeit ein und geben Depression und Verzweiflung Raum. So wird die Anklage eine der stärksten Waffen Satans. Er legt uns unsere Sünden vor Gott zur Last, und sobald wir auf seine Anschuldigungen eingehen, verlieren wir den Boden unter den Füßen. Der Grund für unsere Bereitschaft, auf Satan zu hören, liegt darin, daß wir immer noch ein Maß von Selbstgerechtigkeit in uns finden wollen. Es gelingt ihm, unseren Blick in die falsche Richtung (nämlich auf uns selbst) zu wenden. Damit erreicht er, was er wollte: wir sind lahmgelegt. Wenn wir aber gelernt haben, kein Vertrauen aufs Fleisch zu setzen, so verwundert es uns nicht, wenn wir Sünden in uns finden, denn es ist das Wesen des Fleisches zu sündigen. Nur solange wir unsere wahre Natur, unsere ganze Hilflosigkeit noch nicht erkannt haben, setzen wir noch Hoffnung in uns selbst und liegen danieder, sobald Satan auftritt, um uns zu verklagen.

Gott kann sehr wohl mit unserer Sünde fertig werden, aber er kann nichts für einen Menschen tun, der sich selbst für angeklagt hält. Das Blut spricht zwar zu seinen Gunsten, aber Satans Stimme gilt ihm mehr. Christus ist unser Anwalt, aber wir, die Angeklagten, stellen uns auf die Seite des Klägers. Wir haben noch nicht erkannt, daß wir nichts anderes als den Tod verdienen, daß wir auf jeden Fall ans Kreuz gehören. Wir haben nicht begriffen, daß einzig und allein Gott dem Verkläger antworten kann und daß er es durch das kostbare Blut getan hat.

Unsere Rettung besteht darin, daß wir den Blick auf Jesus wenden und erkennen, daß das Blut des Lammes die ganze Not unserer Sünde behebt. Das ist sicherer Grund. Niemals dürfen wir versuchen, Satan unsere guten Werke entgegenzuhalten, sondern immer nur das Blut. Ja, es ist richtig, wir sind sündhaft, aber Gott sei Dank, das Blut reinigt uns von jeder Sünde! Gott sieht das Blut an, mit dem sein Sohn die Anschuldigungen beantwortet, und damit ist Satan jeder Grund zur Anklage genommen. Allein unser Vertrauen auf das Blut und unsere Weigerung, diese Stellung zu verlassen, bringen ihn zum Schweigen und schlagen ihn in die Flucht (Rö 8, 33–34). So wird es bleiben bis zum Ende (Offb 12, 11).

Wieviel weiter wären wir, könnten wir besser erfassen, welchen Wert das Blut in den Augen des Vaters hat!

2. Das Kreuz Christi

Wir sahen bereits, daß die ersten acht Kapitel des Römerbriefes in zwei Teile zerfallen. Im ersten Teil ist die Rede vom Blut, im zweiten vom Kreuz; das Blut zur Vergebung für das, was wir getan haben, das Kreuz zur Befreiung von dem, was wir sind. Diese Zweiteilung des Erlösungswerks läßt sich noch an weiteren Themen aufzeigen. So finden wir zwei Seiten der Auferstehung des Herrn. In Rö 4, 25 ist die Auferstehung in bezug auf unsere Rechtfertigung erwähnt: »(Unser Herr Jesus) ... ist um unsrer Sünden willen dahingegeben und um unserer Rechtfertigung willen auferweckt.« Aber in Rö 6, 4 wird ausgeführt, daß uns durch die Auferstehung neues Leben zukommt, das uns einen heiligen Wandel ermöglicht. »... auf daß, gleichwie Christus ist auferweckt von den Toten ... also sollen auch wir in einem neuen Leben wandeln.« Hier geht es um unser Verhalten, dort um unsere Stellung vor Gott.

Ein anderes Beispiel für die zweifache Behandlung ist der Friede. Rö 5, 1 spricht von dem Frieden mit Gott als einem Ergebnis meiner Rechtfertigung durch den Glauben. »Nun wir denn sind gerecht geworden durch den Glauben, so haben wir Frieden mit Gott durch unseren Herrn Jesus Christus.« Gott ist keine Quelle der Furcht mehr für mich, da meine Sünden vergeben sind. Ich, der ich Gottes Feind war, bin nun »versöhnt ... durch den Tod seines Sohnes« (Rö 5, 10). Aber sehr bald stellt sich heraus, daß ich mir selbst eine Quelle der Unruhe und Not bin. In mir ist immer noch Unfrieden, weil ich merke, daß ich zur Sünde hingezogen werde. Es herrscht zwar Friede mit Gott, aber noch kein Friede mit mir selbst. Mein Herz ist der Schauplatz eines regelrechten Bürgerkriegs. Wir finden diese Situation in Römer 7 anschaulich beschrieben, wo sich Fleisch und Geist in tödlicher Feindschaft gegenüberstehen. Aber wir werden von da aus ins 8. Kapitel zu dem inneren Frieden eines Wandels im Geist geführt. »... fleischlich gesinnt sein ist der Tod«, denn er ist »eine Feindschaft wider Gott«, aber »geistlich gesinnt sein ist Leben und Friede.«

Zusammenfassend können wir sagen, daß die erste Hälfte unseres Abschnitts im Römerbrief im großen und ganzen von der Rechtfertigung handelt (vgl. Rö 3, 24–26; Rö 4, 5. 25), während der zweite Teil die daraus folgende Heiligung zum Gegenstand hat (vgl. Rö 6, 19–22).

Wenn wir also die kostbare Wahrheit der Rechtfertigung durch den Glauben erfaßt haben, so kennen wir noch immer erst die Hälfte der Botschaft. Wir haben erst die Frage nach unserem Stand vor Gott beantwortet. Gott hat aber mehr für uns bereit; er löst auch das Problem unseres Wandels, wie wir im Laufe der folgenden Kapitel sehen werden. Immer folgt der zweite Schritt des Wandels auf den ersten des Handelns Gottes. Solange wir nur den ersten kennen, ist unser Christenleben noch unter dem Normalstand. Wie kommen wir aber zu dem normalen Christenleben?

An den Anfang gehört gewiß die Vergebung für unsere Sünden, die Rechtfertigung, der Friede mit Gott. Das ist unser Fundament. Aber wenn diese Basis durch unseren ersten Schritt des Glaubens an Jesus Christus geschaffen ist, müssen wir weiter zu etwas Höherem.

Das Blut ist für unsere Sünden vergossen worden. Das ist eine objektive Tatsache. Jesus hat sie als unser Stellvertreter am Kreuz getragen und hat für uns Vergebung, Rechtfertigung und Versöhnung erwirkt. Gehen wir nun einen Schritt weiter und sehen, wie Gott mit dem Prinzip der Sünde in uns verfährt.

Das Blut kann wohl meine Sünden, nicht aber den »alten Menschen« wegwaschen. Er muß gekreuzigt werden, und dazu brauchen wir das Kreuz. Für die Sünden steht das Blut, für den Sünder das Kreuz.

In den ersten vier Kapiteln des Römerbriefs findet man kaum je das Wort »Sünder«, weil es hier in erster Linie um die »Sünden« geht. Erst in Kapitel 5 wird der »Sünder« zum Hauptgegenstand.

Es wird gesagt, daß der Mensch von Geburt aus ein Sünder ist und nicht dadurch, daß er Sünden begangen hat. Das ist eine sehr wichtige Feststellung. Oft geschieht es, daß etwa ein Prediger einen Mann auf der Straße überzeugen will, daß er ein Sünder sei, weil er nach dem Zeugnis der Schrift wie alle andern Menschen gesündigt habe. Aber es ist nicht völlig schriftgemäß, so zu argumentieren und birgt die Gefahr in sich, von der falschen Seite auszugehen. Der Römerbrief lehrt uns nicht, daß wir Sünder sind, weil wir gesündigt haben, sondern wir sündigen, weil wir Sünder sind. Durch unser Wesen, nicht durch unser Handeln sind wir Sünder. Römer 5, 19 drückt es so aus: »... gleichwie durch eines Menschen Ungehorsam viele zu Sündern geworden sind ...« Durch das, was Adam getan hat und geworden ist, sind wir unserem Wesen nach zu Sündern geworden.

Ich spreche Englisch, aber ich bin darum kein Engländer. Ich bin Chinese.

Römer 3 zieht unsere Aufmerksamkeit auf das, was wir getan haben – »alle haben ja gesündigt« (3, 23 Menge), aber es ist nicht auf Grund unserer Sünden, daß wir zu Sündern geworden sind.

Ich fragte einmal eine Gruppe von Kindern, was ein Sünder sei. Die sofortige Antwort war: Einer, der sündigt. Natürlich ist das richtig, aber die Tatsache, daß er sündigt, ist nur der Beweis, daß er ein Sünder ist, nicht die Ursache.

Einer, der sündigt, ist ein Sünder, aber einer, der nicht sündigt, ist ebenfalls ein Sünder, der Erlösung braucht, solange er zu Adams Stamm gehört. Darum gibt es gute und böse Sünder, moralisch hochstehende und korrupte Sünder.

Manchmal denken wir, wenn wir nur dieses oder jenes nicht getan hätten, so wäre alles gut. Aber das Problem liegt ja viel tiefer als bei unseren Handlungen. Es liegt in unserem Wesen.

Ein Chinese mag in Amerika geboren sein und kein Wort Chinesisch verstehen, aber er ist dennoch Chinese, weil er so geboren wurde. Die Geburt ist das Entscheidende. Ich bin darum ein Sünder, weil ich von Adam geboren bin. Es ist nicht eine Frage meines Handelns, sondern meiner Erbmasse, meiner Abstammung. Ich komme aus dem falschen Geschlecht.

Vielleicht denken wir, daß das, was wir taten, wohl sehr verwerflich war, daß wir selbst aber nicht ganz so schlecht sind. Gott zeigt uns mit allem Nachdruck, daß wir selbst grundsätzlich verwerflich sind. Die Natur des Sünders ist die

Wurzel des Übels. Für unsere Sünden brauchen wir das Blut. Für uns selbst brauchen wir das Kreuz. Das Blut bringt uns Vergebung für alles, was wir taten. Das Kreuz bringt Befreiung von dem, was wir sind.

Der natürliche Stand des Menschen

Wir kommen nun zu Römer 5, 12—21.

In diesen kraftvollen Versen stehen sich Sünde und Gnade, der Gehorsam Christi und der Ungehorsam Adams gegenüber. Damit beginnt jener zweite Teil unseres Abschnitts im Römerbrief. Die Schlußfolgerung in Vers 19 bildet die Grundlage für unsere weiteren Betrachtungen: »Denn gleichwie durch eines Menschen Ungehorsam viele zu Sündern geworden sind, also durch eines Gehorsam werden viele zu Gerechten.«

Gottes Geist will uns hier zuerst zeigen, was wir sind und dann, wie wir dazu kamen.

Am Anfang unseres Christenlebens sind wir viel mehr auf unser Tun als auf unser Sein bedacht. Was wir getan haben, bedrückt uns weit mehr als das, was wir sind. Wenn wir nur bestimmte Dinge korrigieren könnten, meinen wir, so wären wir gute Christen, und wir beginnen, an unseren Handlungen zu arbeiten. Aber das Ergebnis ist etwas anderes, als wir erwarteten. Wir entdecken zu unserem Schrecken, daß es um etwas viel Tieferes geht als um ein äußeres Versagen, daß die viel größere Not in unserem Innern herrscht. Wir versuchen, dem Herrn zu gefallen, aber entdecken in uns, daß wir ihm gar nicht gefallen wollen. Wir versuchen, demütig zu sein, aber etwas in unserem Inneren sträubt sich gegen die Demut. Wir versuchen zu lieben, aber wir fühlen, daß wir völlig lieblos sind. Wir setzen ein freundliches Gesicht auf und versuchen, gütig und zuvorkommend zu sein, aber in Wirklichkeit sind wir das ausgesprochene Gegenteil.

Je mehr wir unser äußeres Benehmen zu verbessern suchen, desto deutlicher wird uns, wie tief der Schaden in uns verwurzelt ist. Dann ist es soweit, daß wir zum Herrn kommen und sagen: »Herr, jetzt erkenne ich es: Nicht nur was ich getan habe, ist verwerflich, sondern auch ich selbst bin es.« Das Fazit von Rö 5, 19 beginnt uns einzuleuchten: Wir sind Sünder. Wir gehören einem Geschlecht an, das wesensmäßig anders ist, als Gott es geplant hatte. Durch den Sündenfall hat in Adams Charakter eine Veränderung stattgefunden, durch welche er zum Sünder wurde, zu einem Menschen, der von sich aus unfähig ist, Gott zu gefallen. Die Familienähnlichkeit aber, die uns allen eignet, ist nicht nur eine oberflächlich-äußerliche, sondern reicht tief in unseren Charakter hinein. Wir sind zu »wesensmäßigen« Sündern geworden. Wie kam das zustande? »Durch eines Menschen Ungehorsam«, sagt Paulus.

Ich will versuchen, es an einem Beispiel klarzumachen: Mein Name ist Nee, ein ziemlich häufiger Name in China. Wie kam ich dazu? Ich habe ihn nicht gewählt, indem ich etwa eine Liste chinesischer Namen durchging. Daß ich Nee heiße, beruht überhaupt nicht auf meiner Initiative, noch kann ich etwas tun, meinen Namen zu ändern. Ich bin ein Nee, weil mein Vater und dessen Vater Nees waren. Wenn ich mich wie ein echter Nee verhalte, so bleibe ich ein Nee, und wenn ich mich ganz anders verhalte, so bleibe ich es auch. Ob ich Präsident der Chinesischen Republik oder ein Bettler auf der Straße werde, ich bin immer ein Nee.

Wir sind nicht von uns aus Sünder, sondern von Adam her. Nicht weil ich persönlich gesündigt habe, sondern weil ich von Adam abstamme und »in ihm« gegenwärtig war, als er sündigte, bin ich unabänderlich ein Sünder.

Als ich einmal in China von diesen Dingen redete, entgegnete mir ein Mann, daß er nicht verstehe, wie wir alle in Adam gesündigt haben sollen. Darauf suchte ich es an einem Beispiel zu erklären:

»Alle Chinesen leiten ihren Ursprung von Huang-ti ab. Vor mehr als viertausend Jahren stand er im Krieg mit Si-iu. Sein Gegner war zwar sehr mächtig, aber Huang-ti überwältigte und erschlug ihn. Daraufhin begründete Huang-ti den chinesischen Staat. Was wäre nun geschehen, wenn Huang-ti seinem Gegner unterlegen und getötet worden wäre? Wo wären wir?«

Mein Zuhörer antwortete: »Wir wären überhaupt nicht.«

»Aber warum sollte Huang-ti nicht seinen Tod sterben und du dein Leben leben können?« fragte ich zurück.

»Unmöglich«, rief er. »Wäre er gestorben, so wäre ich nicht geboren worden, weil ich doch von ihm abstamme.«

Darin erkennen wir die Geschlossenheit des menschlichen Lebens. Unser Leben kommt von Adam. Wäre dein Urgroßvater mit drei Jahren gestorben, wo wärest du? Du wärest in ihm gestorben, denn dein Leben ist von dem seinigen abhängig. Ebenso sind wir alle von Adam abhängig; keiner kann sagen: »Ich war nicht in Eden«, denn potentiell waren wir alle dort, als Adam den Worten der Schlange nachgab. Darum sind auch alle in Adams Sünde einbezogen und erben von ihm alles, was er als Folge seiner Sünde geworden ist, nämlich die Adamsnatur, die Natur des Sünders.

Das eigentliche Übel ist unsere Abstammung, nicht unser Verhalten, und solange wir die nicht ändern können, gibt es keine Befreiung für uns.

Aber gerade auf dieser Ebene nun hat Gott eingegriffen und eine Lösung geschaffen.

Wie in Adam, so in Christus

Römer 5, 12—21 spricht nicht nur von Adam, sondern auch von Jesus. »Denn gleichwie durch eines Menschen Ungehorsam viele zu Sündern geworden sind, also auch durch eines Gehorsam werden viele zu Gerechten« (5, 19). In Adam erben wir alles, was von Adam ist, in Christus erben wir alles, was von Christus ist. Damit wird uns eine neue Möglichkeit aufgetan. In Adam war alles verloren. Durch seinen Ungehorsam kam die Sünde in die Welt und der Tod mit ihr. Von Geschlecht zu Geschlecht regierte die Sünde zum Tod seit dem Tag des Falls. Nun aber fällt ein Lichtstrahl in die Finsternis: Durch den Gehorsam eines anderen können wir zu Gerechten werden. »Wo aber die Sünde mächtig geworden ist, da ist die

Gnade viel mächtiger geworden, auf daß, gleichwie die Sünde geherrscht hat zum Tode, so auch herrschte die Gnade durch die Gerechtigkeit zum ewigen Leben durch Jesus Christus, unsern Herrn« (Rö 5, 19—21). In Adam ist unsere Verzweiflung, in Christus ist unsere Hoffnung.

Es ist eindeutig Gottes Wille, daß wir durch diesen Tatbestand von der Sünde befreit werden sollen. Paulus zeigt es uns ganz klar, wenn er das sechste Kapitel seines Briefes mit den Worten beginnt: »Sollen wir denn in der Sünde beharren?« und gleich darauf vor einer solchen Möglichkeit geradezu zurückschaudert: »Das sei ferne!« Wie könnte sich ein heiliger Gott mit unheiligen, sündengebundenen Kindern begnügen? Darum schreibt er weiter: »Wie sollten wir in der Sünde leben wollen?« (Rö 6, 1—2). Darum hat Gott ja gerade jede Vorkehrung getroffen, damit wir von der Herrschaft der Sünde befreit würden.

Wie können wir Sünder uns unserer Erbmasse entledigen? Wir sind in Adam geboren. Wie entkommen wir dieser Fessel?

Das Blut kann uns nicht von Adam befreien. Es gibt dafür nur einen Weg: Durch die Geburt kamen wir in dieses Dasein, durch den Tod werden wir es verlassen. Unsere Sündhaftigkeit ablegen heißt, unser Leben ablegen. Die Knechtschaft der Sünde kam durch die Geburt, die Befreiung kommt durch den Tod. Das ist der Weg, den Gott ausersehen hat. Tod ist der Schlüssel zu unserer Freiheit. »Wir sind der Sünde abgestorben.«

Aber wie stirbt man? Manche von uns haben mit Schmerzen versucht, dieses sündhafte Leben loszuwerden, es aber äußerst zäh und hartnäckig gefunden. Wie entkommen wir ihm?

Die Antwort lautet, daß nicht wir es sind, die uns zu töten brauchen, sondern daß Gott mit uns in Christus gehandelt hat. Darum sagt der Apostel im nächsten Vers: ». . . alle, die wir in Jesum Christum getauft sind, die sind in seinem Tod getauft« (Rö 6, 3).

Wenn Gott »in Christus« an uns gehandelt hat, dann liegt für uns alles daran, daß wir »in ihm« sind. Wie werden wir aber »in Christus«? Es gibt schlechterdings keinen Weg, durch den wir selbst »in Christus« werden können, aber — und das ist das Wesentliche — wir brauchen auch nach keinem zu suchen, denn wir *sind* in Christus. Was wir von uns aus nicht vermochten, hat Gott für uns getan und uns in Christus hineinversetzt. In 1 Kor 1, 30 steht eines der für mich köstlichsten Worte des Neuen Testaments: »Durch ihn aber seid ihr in Christus Jesus.« Gott sei gedankt! Es liegt nicht an uns, den Eingang zu finden und uns durchzuringen. Nicht wir brauchen einen Plan zu entwerfen. Gott hat alles vorgesehen. Und nicht nur vorgesehen, sondern auch ausgeführt. »Durch ihn aber seid ihr in Christus Jesus!« Durch einen göttlichen Akt ist es geschehen, dem nichts hinzuzufügen ist.

Wenn man in den Dörfern Chinas predigt, muß man oft sehr einfache Bilder gebrauchen, um tiefe göttliche Wahrheiten zu erklären. Ich erinnere mich, daß ich einmal ein kleines Buch zur Hand nahm und ein Stück Papier hineinlegte. »Seht genau zu«, sagte ich zu meinen Zuhörern. »Ich habe hier ein Stück Papier. Es besteht für sich selber ganz unabhängig von dem Buch, aber nun lege ich es in das Buch. Das Buch schicke ich nach Shanghai. Kann das Buch nach Shanghai reisen und das Papier hierbleiben? Gewiß nicht. Wo das Buch ist, ist auch das Stück Papier. Wenn ich das Buch in den Fluß werfe, so ist auch das Papier darin; hole ich das Buch wieder heraus, erlange ich auch wieder das Papier. Was mit dem Buch geschieht, geschieht mit dem Papier, denn es ist in dem Buch.«

»Durch ihn aber seid ihr in Christus Jesus.« Gott der Herr selbst hat uns in Christus hineinversetzt, und sein Handeln an seinem Sohn ist zugleich sein Handeln an dem ganzen Stamm. Unser Schicksal fällt mit dem seinen zusammen. Was er erlebt hat, haben auch wir erlebt, denn »in Christus sein« heißt, mit ihm identifiziert sein bis in den Tod und die Auferstehung hinein.

Wir wissen, daß er gekreuzigt wurde. Müssen nun auch wir Gott darum bitten, gekreuzigt zu werden? Niemals! Als er gekreuzigt wurde, geschah dasselbe mit uns. Seine Kreuzigung liegt in der Vergangenheit, darum kann unsere nicht in der Zukunft sein. Im ganzen Neuen Testament ist keine Stelle zu finden, in der unsere Kreuzigung in die Zukunft verlegt wird. Alle Parallelstellen dazu sind im griechischen Aorist, welcher Einmaligkeit und »ewige Vergangenheit« beschreibt (vgl. Rö 6, 6; Gal 2, 19; 5, 24; 6, 14). Wie es praktisch unmöglich ist, daß ein Mensch am Kreuz Selbstmord begehen kann, verlangt Gott – nun ins Geistliche übertragen – auch nicht, daß wir uns selbst kreuzigen sollen. Wir wurden bei Jesu Kreuzigung mitgekreuzigt, denn Gott hat uns in ihn versetzt. Daß wir in Christus gestorben sind, ist nicht nur ein Lehrsatz, sondern eine auf ewig gültige Tatsache.

Der letzte Adam und der zweite Mensch

Als Jesus am Kreuz starb, vergoß er sein Blut als Sühne für unsere Sünden, weil er Gottes Heiligkeit und Gerechtigkeit erforderte. Diese Aufgabe stand allein dem Sohne Gottes zu, kein Mensch konnte daran teilhaben. Die Bibel sagt nirgends, daß wir unser Blut mit Christus vergießen. In dem Versöhnungswerk vor Gott stand er ganz allein. Aber er starb auch, damit wir sterben konnten. Er starb als unser Stellvertreter. »Wenn einer für alle gestorben ist, so sind sie alle gestorben« (2 Kor 5, 14). In seinen Tod sind du und ich eingeschlossen.

Wie wir in den Tod Jesu einbezogen sind, so sind wir auch in die Auferstehung einbezogen. Im ersten Kapitel des ersten Korintherbriefs fanden wir, daß wir »in Christus Jesus« sind. Nun wenden wir uns zum Schluß des gleichen Briefes, der uns noch weiter darüber Aufschluß gibt. 1 Kor 15, 45 und 47 bringt uns zwei bemerkenswerte Namen oder Titel für Christus. Er wird »der letzte Adam« und »der zweite Mensch« genannt. Darin liegt eine sehr wichtige, wertvolle Erkenntnis.

Als letzter Adam ist Christus die Summe der ganzen Menschheit; als zweiter Mensch ist er das Haupt eines neuen Geschlechts. Auf zweifache Weise hat sich Christus mit der Menschheit vereint: einmal in seinem Tod und dann in seiner

Auferstehung. Alles, was in Adam war, vereinigte er in sich und brachte es unter das Gericht und zum Tod. Das alte Geschlecht erlosch. Als zweiter Mensch vereinigte er sich mit uns von der Auferstehung an bis in die Ewigkeit. Unsere Vereinigung hört darum nie auf, denn nachdem der erste Mensch, durch den Gottes Plan durchkreuzt worden war, im Tod Jesu mitstarb, erstand Jesus vom Tod als das Haupt eines neuen Menschengeschlechts, in dem Gottes Plan voll zur Erfüllung gebracht werden soll.

»Denn wenn wir in ihn eingepflanzt sind zu gleichem Tode, so werden wir ihm in der Auferstehung gleich sein« (Rö 6, 5).

Wir starben in ihm, dem letzten Adam; wir leben in ihm, dem zweiten Menschen.

Das Kreuz ist Gottes mächtiges Mittel, um uns von Adam in Christus zu verpflanzen.

3. Wachstum im Christenleben

Wissen

Unser altes Leben endet am Kreuz, unser neues beginnt mit der Auferstehung. »Ist jemand in Christus, so ist er eine neue Kreatur; das Alte ist vergangen, siehe, es ist alles neu geworden!« (2 Kor 5, 17). Das Kreuz schließt die erste Schöpfung ab, und aus dem Tod erwächst eine neue Schöpfung in Christus, dem zweiten Menschen.

Solange wir in Adam sind, fällt uns alles zu, was an Adam ist, und zwar völlig ohne unser Zutun. Es ist nicht nötig, daß wir uns zum Jähzorn oder irgendeiner anderen Sünde entschließen. Sie kommen ungerufen und gegen unseren Willen.

Auf gleiche Weise aber kommt uns alles, was in Christus ist, ohne Anstrengung auf freier Gnade durch schlichten Glauben zu, wenn wir »in Christus« sind.

Manchen mag diese Feststellung, so wahr sie ist, unrealistisch erscheinen. Wie sieht es in der Praxis damit aus? Wie wird diese Feststellung praktisch erlebte Wirklichkeit?

Beim Studium der Kapitel 6, 7 und 8 des Römerbriefs werden wir entdecken, daß ein normales Christenleben auf vier Voraussetzungen beruht:

dem Wissen von dem Heilsplan Gottes,
dem »Für-tot-Halten« unseres Ichs,
der Hingabe an Gott und
dem Wandel im Geist.

Alle vier Bedingungen sind nötig, wenn wir jenes Leben führen wollen. Wir vertrauen auf den Herrn, daß er uns allen das rechte Verständnis für diese Dinge gebe, und tun mit seiner Hilfe nun den ersten großen Schritt.

Unser Tod mit Christus als Tatsache

Wir kommen nun zu Römer 6, 1–11. Hier wird ausgeführt, daß der Tod Jesu stellvertretend und allumfassend ist.

In seinem Tod starben auch wir. Niemand kann geistlich vorankommen, der das nicht weiß.

Wie es keine Rechtfertigung gibt, ohne daß wir einsehen, daß er *unsere Sünden* am Kreuz getragen hat, ist die Heiligung unmöglich, wenn wir nicht erkennen, daß er *uns selbst* am Kreuz getragen hat. Nicht nur unsere Sünden wurden auf ihn gelegt, wir selbst waren in ihm.

Wie erlangten wir Vergebung? Wir erkannten, daß Jesus als unser Stellvertreter unsere Sünden auf sich genommen hatte und unsere Befleckung mit seinem Blut wegwusch. Wir baten ihn nicht mehr, für unsere Sünden zu sterben. Es blieb uns nur, ihm für alles, was er bereits getan hatte, zu danken.

Was für die Vergebung gilt, trifft auch für unsere Befreiung zu. Das Werk ist getan. Wir brauchen um nichts mehr zu bitten, nur zu loben und zu danken. Gott hat uns in Christus versetzt, und als Christus gekreuzigt wurde, wurden wir mitgekreuzigt. Es ist also völlig falsch, etwa zu beten: »Ich bin ein durch und durch schlechter Mensch! Kreuzige mich, Herr!« Es ist alles schon geschehen. Preisen wir ihn und leben wir im Licht dieser Wahrheit!

»Da glaubten sie an seine Worte und sangen sein Lob«

(Ps 106, 12). Du glaubst doch, daß Jesus Christus für uns starb? »Natürlich«, sagst du. »Gott aber erweist seine Liebe gegen uns darin, daß Christus für uns gestorben ist ...« (Rö 5, 8). Nun, dieselbe Heilige Schrift, die uns berichtet, daß er für uns starb, sagt auch, »daß unser alter Mensch samt ihm gekreuzigt ist« (Rö 6, 6) und »So sind wir aber mit Christus gestorben« (Rö 6, 8).

Warum glauben wir, daß Christus gestorben ist? Können wir es fühlen? Gewiß nicht. Wir glauben es auf Grund der einzigen, völlig ausreichenden Tatsache, daß Gott es gesagt hat. Ob wir es fühlen oder nicht, Christus ist gestorben. Ob wir es fühlen oder nicht, wir sind ebenfalls gestorben.

Dies sind göttliche Wahrheiten. Der Tod Christi und dein Tod sind Tatsachen. Du bist gestorben, vergangen, aus dem Weg geschafft. Das dir verhaßte Ich ist in Christus am Kreuz. Und »... wer gestorben ist, der ist von der Sünde freigesprochen« (Rö 6, 7 Menge). Das ist die frohe Botschaft für die Christen.

Unser Tod am Kreuz geschieht nicht durch unseren Willen oder unser Bemühen, sondern indem wir persönlich annehmen, was Jesus am Kreuz getan hat. Wir müssen unsere Augen geöffnet bekommen, um das vollendete Werk von Golgatha zu sehen.

Vielleicht haben manche von uns vor ihrer Errettung versucht, sich selbst zu erlösen. Sie lasen in der Bibel, beteten, gingen zur Kirche und gaben für die Armen. Eines Tages aber wurden ihnen die Augen geöffnet, und sie sahen, daß das ganze Erlösungswerk bereits am Kreuz getan war. Sie brauchten es bloß anzunehmen und Gott dafür zu danken, und daraufhin strömte Friede und Freude in ihr Herz.

Errettung und Heiligung haben genau die gleiche Grundlage. Wie wir Vergebung für unsere Sünden empfangen, so empfangen wir auch die Befreiung von der Sünde.

Gottes Art ist nun einmal völlig anders als die der Menschen. Wir versuchen, die Sünde in uns zu unterdrücken. Gott schafft den Sünder aus dem Weg. Viele Christen sind über ihre Schwachheit betrübt und glauben, daß alles gut wäre, wenn sie nur mehr Willenskraft aufbringen könnten. Sie sehen, daß sie durch ihr eigenes Versagen in der Heiligung nicht weiterkommen und leben in dem Glauben, daß weit mehr von ihnen gefordert ist.

Solange wir unsere Gedanken auf die Macht der Sünde und unsere Machtlosigkeit richten, kommen wir selbstverständlich zu dem Schluß, daß wir mehr Kraft brauchen, um über die Sünde herrschen zu können. »Wenn ich nicht so schwach wäre«, sagen wir, »könnte ich meine Zornausbrüche bezwingen«, und wir bitten den Herrn um Kraft zur Selbstbeherrschung.

Aber wir sind damit völlig auf dem falschen Weg. Das ist nicht Christsein. Gottes Weg zu unserer Befreiung ist nicht, uns immer stärker, sondern immer schwächer zu machen. »Gewiß ein sonderbarer Weg«, mögen wir sagen. Aber es ist Gottes Weg. Gott befreit uns nicht von der Sünde, indem er unseren alten Menschen in seinem Handeln unterstützt, sondern indem er ihn durchs Kreuz beiseite schafft.

Vielleicht versuchst du seit Jahren vergeblich, dich »zusammenzunehmen«. Das Ende all unseres Bemühens ist die geoffenbarte Erkenntnis, daß wir zu jedem Fortschritt unfähig sind, daß Gott uns daher völlig beiseite gestellt und selbst alles getan hat.

». . . dieweil wir wissen . . .«

Das normale Christenleben beginnt mit einem festen Wissen; nicht nur mit dem Bekanntsein mit der Wahrheit oder dem Verständnis einer Lehre. Es geht überhaupt nicht um verstandesmäßiges Wissen, sondern darum, daß uns die Augen und die Herzen geöffnet werden, um zu erkennen, was wir in Christus haben.

Wie weißt du, daß dir deine Sünden vergeben sind? Weil es dir dein Pastor sagte? Gewiß nicht. Du weißt es einfach. Solches Wissen ist göttliche Offenbarung. Natürlich steht in der Bibel, daß die Sünden vergeben werden, aber damit das geschriebene Wort Gottes ein lebendiges Wort Gottes an dich wird, muß er »den Geist der Weisheit und der Offenbarung geben, ihn zu erkennen« (Eph 1, 17). Immer richtet sich eine solche Erkenntnis auf die Person Jesu Christi und kommt so über uns, daß wir in unserem Herzen wissen und im Geist »sehen«. Ein Licht fällt in unser Herz, und wir sind einer neuen Wahrheit völlig gewiß.

Wie bei der Sündenvergebung, so ist es auch bei der Befreiung von der Sünde: Wenn das Licht Gottes in unserem Herzen aufgegangen ist, so wissen wir, daß wir in Christus sind, nicht nur, weil es uns von jemandem gesagt wurde oder weil es im Römerbrief steht, sondern weil es uns Gott durch seinen Geist offenbart hat. Wir mögen nichts davon fühlen oder verstehen, aber wir wissen es, weil wir es »gesehen« haben. Wer sich selbst einmal in Christus gesehen hat, dem kann diese köstliche Gewißheit nicht mehr geraubt werden. Sie ist zum festen Fundament geworden.

Fragt man verschiedene Gläubige, wie sie den Zugang zum normalen Christenleben fanden, so wird man verschiedene Antworten erhalten. Jeder betont seine eigene persönliche Erfahrung und beruft sich auf Schriftstellen, die dieser Erfahrung entsprechen. Und leider benützen viele Christen ihr besonderes Erlebnis und ihre Schriftstellen, um mit anderen Christen zu streiten. Das Wesentliche aber ist, daß wir keinen der verschiedenen Wege, auf welchen Christen zu einem tieferen Leben gelangen, als ausschließlich, sondern sie alle als ergänzend betrachten. Eines ist jedoch gewiß: Ein wirkliches Erlebnis, das in Gottes Augen zählt, hat immer mit einer Erkenntnis der Person und des Werkes Jesu Christi zu tun. Das ist das entscheidende und sichere Merkmal.

Paulus spricht von einer solchen Erkenntnis als Voraussetzung zu dem neuen Leben: ». . . dieweil wir *wissen*, daß unser alter Mensch samt ihm gekreuzigt ist, damit der Leib der Sünde aufhöre, daß wir hinfort der Sünde nicht dienen« (Rö 6, 6).

Erkenntnis durch Offenbarung

Unser erster Schritt ist demnach, nach seiner Erkenntnis zu streben, die aus Offenbarung kommt, einer Offenbarung des am Kreuz vollendeten Werkes Jesu.

Hudson Taylor, der Begründer der China-Inland-Mission, begann sein normales Christenleben auf diese Weise. Er beschreibt, wie er lange um ein Leben »in Christus« rang und nicht wußte, wie er sich die Kraft aus dem Weinstock zuführen sollte. Er wußte wohl, daß das Leben des Herrn aus ihm strömen müßte, und fühlte doch, daß er es nicht besaß.

»Ich wußte«, schrieb er später an seine Schwester in Chinkiang, »daß mir geholfen wäre, wenn ich nur in Christus bleiben könnte. Aber ich konnte es nicht.« Je mehr er sich um dieses bleibende Verhältnis mühte, desto mehr fühlte er, wie es ihm entglitt, bis ihn eines Tages das Licht der Offenbarung sehend machte. Er schreibt:

»Das ist das Geheimnis: Ich brauche mich nicht zu bemühen, den Saft aus dem Weinstock in mich aufzunehmen. Ich muß mir nur immer wieder vergegenwärtigen, daß Jesus selbst der ganze Weinstock ist mit Wurzeln, Stamm, Zweigen, Reben, Blättern, Blüten und Früchten.«

Ein Freund, der ihm zu Hilfe kam, schrieb:

»Ich brauche mich nicht zur Rebe zu machen. Der Herr Jesus sagt, ich bin eine Rebe. Ich bin ein Teil seiner selbst und muß das nur glauben und danach handeln. Ich habe dies lange genug in der Schrift gelesen, aber nun ist es mir lebendige Wirklichkeit.«

Es war, als sei etwas, das wohl immer als Wahrheit bestand, plötzlich für ihn persönlich ganz neu Wahrheit geworden, so daß er seiner Schwester schreiben konnte:

»Ich weiß nicht, wie ich es richtig beschreiben soll, denn es ist gar nichts Neues, Seltsames oder Wunderbares an der Sache, und doch ist alles ganz neu! Mit einem Wort: ›Eines weiß ich wohl, daß ich blind war und bin nun sehend.‹ Ich bin mit Christus gestorben und begraben und wahrhaftig auferstanden und aufgefahren. Gott sieht mich so und gebietet mir, mich so zu sehen. Und er weiß es am besten. Welch eine Freude, diese Wahrheit zu sehen! Ich bete darum, daß auch deine Augen erleuchtet werden und du den Reichtum erkennen mögest, der uns in Christus gegeben ist.«*

Es ist etwas Großes zu erkennen, daß wir in Christus sind. Man muß sich die Verwirrung eines Menschen vorstellen, der ein Zimmer zu betreten sucht, in dem er sich bereits befindet! Sobald wir erkennen, daß wir darin sind, bemühen wir uns nicht mehr hineinzukommen. Wenn wir mehr Offenbarung hätten, würden wir weniger bitten und viel mehr loben.

Viele unserer Bitten für uns selbst entstehen nur, weil wir blind sind für das, was Gott bereits getan hat.

Ich erinnere mich an einen Bruder in Shanghai, der sich viel Not um sein geistliches Leben machte. »So viele führen ein heiliges, wundervolles Leben«, sagte er. »Ich schäme mich, mich einen Christen zu nennen. Ich will erfahren, was es heißt, gekreuzigt und auferstanden zu sein, aber ich sehe keinen Weg, wie ich dahin kommen kann.«

Dem Gespräch wohnte noch ein Bruder bei, der mit mir etwa zwei Stunden lang bemüht war, dem Mann deutlich zu machen, daß er nichts ohne Christus für sich haben könne. Aber wir erreichten nichts. Unser Freund sagte: »Das Beste, was man schließlich tun kann, ist darum zu beten.«

»Aber wenn dir Gott schon alles gegeben hat, worum willst du dann noch beten?« fragten wir.

»Er hat mir nicht alles gegeben«, war die Antwort. »Ich verliere immer noch meine Geduld und versage ständig. Darum muß ich noch mehr beten.«

»Bekommst du dann, worum du betest?« fragten wir.

»Leider nein«, antwortete er.

Wir versuchten ihm zu erklären, daß er für seine Heiligung ebensowenig zu tun brauche wie für seine Rechtfertigung. An diesem Punkt des Gesprächs kam ein vom Herrn viel gebrauchter Bruder dazu. Er nahm eine Thermosflasche, die

* Die Zitate sind dem Buch *hudson taylor and the china inland mission*, Kap. 12, von Dr. und Mrs. Howard Taylor entnommen.

gerade auf dem Tisch stand, und sagte: »Nehmen wir einen Augenblick lang an, diese Thermosflasche könne beten und würde etwa folgendes sagen: ›Herr, ich möchte so gerne eine Thermosflasche sein. Willst du mich nicht dazu machen? Gib mir Gnade, daß ich eine Thermosflasche werden kann! Bitte, mache mich dazu!‹ Was würdest du dazu sagen?«

»Ich glaube, nicht einmal eine Thermosflasche könnte so unsinnig sein«, antwortete unser Freund. »Sie hat ja bereits, worum sie bittet.« Darauf sagte der Bruder: »Genauso machst du es. Gott hat dich schon lange in Christus eingeschlossen. Als er starb, starbst du mit, da er lebt, lebst du mit ihm. Darum kannst du nun nicht sagen: ›Ich will sterben, ich will gekreuzigt werden, ich will das Auferstehungsleben.‹ Der Herr sieht dich an und sagt: ›Du bist tot! Du hast neues Leben!‹ All dein Bitten ist so absurd wie in dem Beispiel mit der Thermosflasche. Du brauchst den Herrn um nichts anderes zu bitten, als daß dir die Augen geöffnet werden, damit du siehst, daß er alles getan hat.«

Darum geht es. Wir bemühen uns nicht zu sterben, wir warten nicht darauf, sondern wir sind tot. Wir müssen nur erkennen, was der Herr getan hat und ihm dafür danken. Über jenen Mann kam die Erleuchtung. Er hatte Tränen in den Augen, als er sagte: »Herr, ich preise dich, daß du mich in Christus eingeschlossen hast! Daß alles, was sein ist, auch mein ist.« Das war Offenbarung, auf die sich der Glaube stützen konnte. Welche Veränderung war in dem Bruder vorgegangen, als wir ihn später wieder trafen!

Das Kreuz behebt den ganzen Schaden

Ich möchte noch einmal das Grundsätzliche dessen, was der Herr am Kreuz getan hat, herausstellen. Es ist ein Punkt, der nicht genug unterstrichen werden kann, denn wir *müssen* ihn erfassen.

Nehmen wir an, um ein Beispiel zu gebrauchen, die Regierung eines Landes wollte das Alkoholproblem auf drastische Weise lösen und totale Abstinenz einführen. Wie könnte der

Beschluß verwirklicht werden? Wäre es eine Lösung, wenn jedes Geschäft und jedes Haus des Landes durchsucht und jeglicher Vorrat an Wein, Bier und Schnaps vernichtet würde? Gewiß nicht! Wir könnten das Land zwar augenblicklich vom letzten Tropfen Alkohol befreien, aber es blieben ja noch die Brennereien und Fabriken, die diese Getränke herstellen. Solange wir uns nur mit den vollen Flaschen und nicht mit den Fabriken befassen, ist das Problem nicht gelöst. Die Brauereien, Weinfabriken und Destillierbetriebe müßten geschlossen werden.

Wir sind so eine Fabrik; unsere Handlungen sind die Produkte. Das Blut Jesu befaßte sich mit den Produkten, unseren Sünden. Aber kann es sein, daß Gott hier aufhört? Was soll mit uns selbst geschehen? Kann man sich vorstellen, daß Gott die Produkte beseitigt, aber es uns überläßt, mit der Produktionsquelle fertigzuwerden?

Die Antwort liegt bereits in der Frage. Selbstverständlich hat er nicht nur ein halbes Werk getan. Produkte und Produktionsquelle wurden restlos beseitigt.

Das vollendete Werk des Herrn hat unser ganzes Problem von Grund auf erfaßt und gelöst. Bei Gott gibt es keine Halbheiten. ». . . dieweil wir wissen, daß unser alter Mensch samt ihm gekreuzigt worden ist . . .« Wissen wir es? Oder heißt es von uns: »Wisset ihr nicht . . .?« (Rö 6, 3).

Möge uns der Herr in seiner Gnade die Augen öffnen!

4. Wachstum im Christenleben

»Haltet euch dafür . . .«

Wir kommen nun zu einem Punkt, über den allerlei Verwirrung unter Gotteskindern herrscht. Es ist der Schritt, der auf das Wissen, auf die Erkenntnis hin getan wird.

Römer 6, 6: ». . . dieweil wir wissen, daß unser alter Mensch samt ihm gekreuzigt worden ist . . .« steht in der Vergangenheit und bezeichnet ein abgeschlossenes, einmaliges, unwiderrufliches Geschehen. Unser alter Mensch ist ein für allemal gekreuzigt worden und kann nichts anderes mehr sein. Das ist eine entscheidende, herrliche Aussage.

Was folgt nun aus diesem Wissen? In Vers 11 finden wir die Aufforderung: »Also auch ihr, haltet euch dafür, daß ihr der Sünde gestorben seid!« Dies ist die natürliche Fortsetzung von Vers 6. Zusammen gelesen lautet der Text dann: ». . . dieweil wir wissen, daß unser alter Mensch samt ihm gekreuzigt worden ist, . . . haltet euch dafür, daß ihr der Sünde gestorben seid.«

Wenn wir einmal die Erkenntnis haben, daß unser alter Mensch mit Christus gekreuzigt wurde, dann ist der nächste Schritt, daß wir uns persönlich unter diese Tatsache stellen, daß wir uns »dafür halten«.

Wenn von unserer Vereinigung mit Christus die Rede ist, wird leider oft der Nachdruck auf diesen zweiten Schritt gelegt, als ob er der Ausgangspunkt wäre. Es ist aber von Gottes Wort her klar, daß das Wissen vor dem Sich-dafür-Halten kommt. Die Reihenfolge ist deshalb so wichtig, weil unsere Einstellung zu uns selbst auf eine göttlich offenbarte Erkenntnis gegründet sein muß, damit der Glaube einen festen Ansatzpunkt hat. Wenn wir wissen, ziehen wir spontan den Schluß auf uns selbst.

Wir dürfen also diesen zweiten Schritt nicht überbetonen. Oft versuchen Gläubige, sich ohne das offenbarte Wissen für tot zu halten. Dann geraten sie in alle möglichen Schwierigkeiten. Tritt die Versuchung an sie heran, so beginnen sie sich fieberhaft zu sagen: »Ich bin tot, ich bin tot!«, aber mitten in diesem Bemühen versagen sie. Dann stellen sie fest: Römer 6, 11 ist nicht anwendbar. Und wir müssen in der Tat sagen, daß Vers 11 nichts nützt ohne den vorherigen Vers 6. Ohne die Erkenntnis, daß wir mit Christus gestorben sind, wird der innere Kampf, uns für tot zu halten, immer schwerer, und sein Ausgang ist eine Niederlage.

Ich selbst wurde jahrelang nach meiner Bekehrung gelehrt, daß ich mich für tot zu halten habe. Das versuchte ich von

1920 bis 1927. Je mehr ich mich aber als der Sünde gestorben erachtete, desto eindeutig lebendiger war ich ihr. Es war mir einfach unmöglich, dieser Aufforderung nachzukommen. Wenn ich bei Freunden Hilfe suchte, wurde ich angewiesen, Römer 6, 11 zu lesen. Aber es führte zu nichts. Wohl erkannte ich an, daß ich mich für tot halten sollte, aber ich begriff nicht, warum es mir nicht gelang. Der Kampf dauerte monatelang, bis ich eines Tages zum Herrn sagte: »Wenn ich nicht dahin kommen kann, diesen zentralen Punkt zu erfassen, will ich mit meiner Arbeit aufhören. Ich will weder predigen noch sonst etwas tun, um dir zu dienen. Ich muß zuerst völlige Klarheit haben.« Das Suchen dauerte Monate. Zuweilen fastete ich, aber ich bekam keine Antwort.

Aber dann kam ein Morgen, der mir unvergeßlich bleiben wird. Ich saß an meinem Schreibtisch und las in der Schrift mit dem Gebet: »Herr, öffne mir die Augen!« Da erkannte ich plötzlich alles wie im Scheinwerferlicht. Ich sah, daß ich mit Christus eins war, daß ich mit ihm starb, als er starb, daß mein Tod der Vergangenheit und nicht der Zukunft angehörte. Ich war gestorben, wie er gestorben war, denn ich war in ihm. Alles wurde klar. Meine Freude über diese Entdeckung war so überströmend, daß ich aufsprang und rief: »Gott sei Dank, ich bin tot!« Ich eilte die Treppe hinunter und traf einen Bruder, der in der Küche half. »Bruder«, sagte ich, »weißt du, daß ich gestorben bin?« Es war eine überwältigende Wirklichkeit für mich geworden. Am liebsten hätte ich meine Entdeckung auf den Straßen Shanghais verkündigt. Von da an hatte ich niemals mehr den leisesten Zweifel an der Endgültigkeit des Wortes: »Ich bin mit Christus gekreuzigt« (Gal 2, 19).

Das will nicht heißen, daß wir keine praktischen Konsequenzen zu ziehen hätten. Wir werden bald sehen, daß unser Tod praktische Folgen hat. Aber die Grundlage dafür ist doch: Ich bin gekreuzigt worden. Es ist geschehen.

Wie kommen wir denn dahin, daß wir uns auch dafür halten? Wieder müssen wir sagen: Es ist die Offenbarung Gottes

(Mt 16, 17; Eph 1, 17–18), die uns dazu bringt. Gott selbst muß uns die Augen für die Tatsache öffnen, daß wir mit Christus vereinigt sind, damit es mehr als eine Lehre für uns wird. Solche Offenbarung hat nichts mit Ungewißheit und Verschwommenheit zu tun. Die meisten von uns erinnern sich genau an den Tag, an dem sie erkannten, daß Christus für uns gestorben ist. Ebenso sollten wir uns an den Zeitpunkt erinnern können, an dem wir sahen, daß wir mit Christus gestorben sind. Es sollte ein festes Wissen sein, denn es ist die Grundlage, auf die wir bauen. Nicht weil ich mich für tot halte, bin ich tot, sondern weil ich tot bin, weil ich erkenne, was Gott mir in Christus getan hat, darum halte ich mich für tot.

Was heißt es, »sich dafür halten«? Das griechische Wort ist eigentlich, »rechnet« euch dafür und gehört in den Bereich des Zählens und der Buchführung.

Rechnen ist das einzige auf der Welt, was ein Mensch exakt tun kann. Kann ein Maler eine Landschaft völlig korrekt wiedergeben? Kann ein Historiker für absolute Verläßlichkeit seiner Quellen oder ein Geograph für letzte Genauigkeit einer Landkarte bürgen? Sie machen alle im besten Fall nur gute Angleichungen. Selbst wenn wir nur einen Vorfall aus unserem alltäglichen Leben berichten wollen und die beste Absicht haben, ehrlich und wahrhaftig zu sein, können wir ihn nicht mit völliger Genauigkeit darstellen. Meist entstehen durch dieses oder jenes Wort Übertreibung oder Unterstützung. Was ein Mensch aber mit völliger Genauigkeit tun kann, ist rechnen. Hier ist kein Platz für Irrtum. Ein Stuhl plus noch ein Stuhl ergibt zwei Stühle. Das gilt in London ebenso wie in Kapstadt wie in New York oder Singapur. Auf der ganzen Welt und zu allen Zeiten ist eins plus eins gleich zwei.

Warum sagt Gott, wir sollen uns selbst in unserer Rechnung für tot einsetzen?

Weil wir tot sind!

Nehmen wir das Bild der Buchführung. Angenommen ich besitze fünfzehn Schillinge, was werde ich eintragen? Nicht vierzehn und nicht sechzehn Schillinge, sondern den genauen Betrag, der in meiner Tasche ist. Man macht seine Rechnung mit Tatbeständen, nicht mit Illusionen. Gott will, daß ich mich für tot halte, weil es in Wirklichkeit so ist.

Es geht hier auch nicht um eine Selbsttäuschung. Habe ich nur zwölf Schillinge, so werde ich diesen Tatbestand nicht ändern, auch wenn ich fünfzehn Schillinge in mein Register eintrage und mir mit allem Nachdruck vorsage, daß ich fünfzehn besitze. Meine Eintragung macht das Unwahre nicht wahr.

Gott sagt uns, wir sollen uns als tot registrieren, nicht damit wir durch diese Eintragung sterben sollen, sondern weil wir bereits gestorben sind. Er verlangt nie, daß wir etwas als Tatbestand festhalten, was in Wirklichkeit keiner ist.

Wir sagten, daß wir uns als Folge einer göttlichen Offenbarung für tot halten können. Wir dürfen aber nicht übersehen, daß uns eine Aufforderung, beinahe ein Befehl erteilt ist: ». . . so haltet euch dafür . . .!« Wir müssen eine bestimmte Haltung einnehmen. Gott will, daß wir die Eintragung machen: »Ich bin gestorben«, und daß wir uns demnach verhalten. Paulus gibt die Anweisung: ». . . haltet euch dafür, daß ihr der Sünde gestorben seid und lebet Gott . . .« Wie ist das möglich? ». . . in Christus Jesus«, fährt Paulus fort.

Wollen wir niemals vergessen, daß diese Wahrheit immer nur in Christus besteht. Schauen wir auf uns selbst, so erscheint uns unser Tod als unwirklich. Aber hier geht es um den Glauben an ihn, nicht an uns. Wir müssen auf den Herrn schauen, dann wissen wir, was er für uns getan hat und können sagen: »An dich, Herr, will ich glauben und das für wahr halten, was in dir Wahrheit ist.«

Die Rolle des Glaubens

Die ersten viereinhalb Kapitel des Römerbriefs handeln vom Glauben und immer wieder vom Glauben. Durch Glauben sind wir gerecht geworden (Rö 3, 28; 5, 1). Gerechtigkeit, Sündenvergebung und Friede mit Gott werden uns allein durch Glauben zuteil.

Im zweiten Teil des Römerbriefs kehrt das Wort »Glaube« nicht so häufig wieder, und man möchte zunächst schließen, daß auf anderes mehr Nachdruck gelegt wird. Dies ist aber nicht der Fall, denn wo »Glaube« und »glauben« ausfallen, steht nun »sich dafür halten«. In diesem Zusammenhang bedeuten beide Begriffe praktisch dasselbe.

Was ist Glaube? Es ist meine Zustimmung zu dem, was bei Gott wahr ist. Glaube ist immer in der Vergangenheit begründet. Was sich auf die Zukunft bezieht, ist Hoffnung, wenngleich der Glaubensinhalt oder das Ziel des Glaubens oft in der Zukunft liegt, wie in Hebräer 11. Aus diesem Grund vielleicht wurde das Wort »dafür halten« gewählt, als ein Wort, das sich nur auf die Vergangenheit richtet, auf etwas Geschehenes, auf das wir zurückschauen, und nicht auf etwas, das noch kommen soll. Diese Art Glaube ist in Markus 11, 24 beschrieben: »Bei allem, was ihr im Gebet erbittet, glaubt nur, daß ihr es empfangen habt, so wird es euch zuteil werden« (Menge). Zu glauben, daß unsere Bitten vielleicht erhört werden, oder daß es möglich ist, daß sie erhört werden, ist etwas anderes. Glauben, daß wir bereits in Christus empfangen haben, worum wir bitten, darum geht es hier.

Wie zeigt sich, daß ich glaube, daß ich gekreuzigt bin? Nicht, indem ich sage, Gott kann oder wird oder muß mich kreuzigen, sondern indem ich mit Freuden ausrufe: »Dem Herrn sei Dank, in Christus bin ich gekreuzigt!«

In Römer 3 wird uns Jesus als unser Stellvertreter gezeigt, der unsere Sünden trägt und für uns starb, damit wir Vergebung erlangen. Nach dieser geoffenbarten Erkenntnis empfingen wir im Glauben die Rechtfertigung. Römer 6 lehrt uns, daß wir in seinen Tod mit eingeschlossen sind, wodurch unsere Befreiung von der Sünde erwirkt wurde. Gott weist uns an, auch diese Tatsache im Glauben anzunehmen zu unserer persönlichen Befreiung. Der Nachdruck liegt also in jedem Teil auf dem Glauben.

Anfang und Wachstum im normalen Christenleben vollziehen sich immer im Glauben an Christus und sein Kreuz.

Versuchung und Glaube

Die beiden größten Tatsachen des Lebens sind für uns Christen, daß unsere Sünden durch das Blut und wir selbst durch das Kreuz abgetan sind. Was tun wir aber mit der Versuchung? Wie stellen wir uns ein, nachdem wir jene Tatsachen gesehen und geglaubt haben, wenn sich die alten Begierden wieder regen? Oder, schlimmer noch, wenn wir wieder in alte, bewußte Sünden zurückfallen? Ist unsere ganze Position dadurch als falsch erwiesen?

Wir wollen uns daran erinnern, daß es zu des Teufels Hauptinteressen gehört, uns über die göttlichen Wahrheiten in Zweifel zu bringen (vgl. 1 Mo 3, 4). Nachdem uns durch Gottes Geist offenbart wurde, daß wir mit Christus gestorben sind und wir uns dafür halten, kommt Satan und sagt: »Es regt sich aber noch etwas in deinem Innern. Wie steht es damit? Kannst du das als tot bezeichnen?« Hier nun ist die entscheidende Probe für uns. Werden wir die sichtbaren Umstände der natürlichen Welt oder die unsichtbaren, unbeweisbaren des geistlichen Bereichs glauben?

In solch einer Lage wird es ganz besonders wichtig, daß wir uns genau ins Gedächtnis zurückrufen, auf welche Aussagen in Gottes Wort sich unser Glaube stützt. Was hat Gott in bezug auf unsere Befreiung von der Sünde gesagt? Zunächst einmal hat er nicht gesagt, daß die Sünde in uns ausgemerzt ist. Solange wir das denken, ist unsere Rechnung falsch, und wir gleichen dem Manne, der fünfzehn Schillinge statt zwölf in sein Hauptbuch einträgt. Die Sünde als Prinzip in uns ist durchaus vorhanden. Wird ihr die Möglichkeit gegeben, so überwältigt sie uns und veranlaßt uns, bewußt oder unbewußt zu sündigen. Wir müssen darum jederzeit die Kraft des kostbaren Blutes vor Augen haben. Mit unseren Sünden verfährt Gott auf direkte Weise, indem er sie durch das Blut einfach auslöscht. Mit dem Prinzip der Sünde in uns aber verfährt er auf indirekte Weise. Er entfernt nicht die Sünde, sondern den Sünder. Unser alter Mensch ist samt ihm gekreuzigt worden, darum ist der Leib, der bis dahin das Werkzeug der

Sünde war, »kraftlos gemacht« (Rö 6, 6, Zürcher Übersetzung).* Die alte Herrscherin Sünde ist immer noch da, aber ihr Sklave ist getötet worden und ihrer Reichweite entzogen; seine Glieder sind kraftlos. Die Hand des Spielers ist bewegungslos, die Zunge des Fluchers ist stumm. Diese Glieder sind nun »Gott zu Waffen der Gerechtigkeit« geworden (Rö 6, 13).

Darum ist der Begriff »Befreiung von der Sünde« mehr der Schrift gemäß als »Sieg über die Sünde«. Die Stellen in Rö 6, 7 und 11, »freigesprochen von der Sünde« (Menge) und »der Sünde gestorben« weisen darauf hin, daß es sich in der Sünde um eine Macht handelt, die immer noch sehr gegenwärtig und wirklich ist. Wir aber kennen die Befreiung und erfahren sie in zunehmendem Maße von Tag zu Tag.

So wirklich ist diese Befreiung, daß Johannes schreiben kann: »Wer aus Gott geboren ist, der tut nicht Sünde« (1 Joh 3, 9), ein Wort, das uns falsch verstanden leicht irreführen kann. Johannes will damit nicht sagen, daß die Sünde aus unserer Existenz gestrichen ist und wir keine Sünde mehr begehen werden. Er sagt vielmehr, daß es nicht in der Natur des wiedergeborenen Menschen liegt zu sündigen. Durch die Wiedergeburt ist das Leben Christi in uns gepflanzt worden, das von Sünde frei ist.

Nun wird aber die Natur eines Wesens oder Dinges sehr oft durch die Umstände beeinträchtigt. Wir können zum Beispiel sagen — obwohl der Vergleich unzureichend ist —, daß Holz seiner Natur nach schwimmt. Die Umstände können aber sein, daß es von einer Hand unter Wasser gehalten wird und darum zu Boden sinkt. In beiden Fällen haben wir es mit Tatbeständen zu tun, einem so wirklich wie dem anderen. Die Christusnatur in uns kann nicht sündigen; die Adamsnatur kann sündigen und tut es, sooft Satan die Möglichkeit gegeben wird, seine Macht auszuüben.

Die Frage ist darum, mit welchem Tatbestand wir rechnen

* Das griechische Verb *katargein* bedeutet nicht »vernichten«, sondern »außer Kraft setzen« (Der Herausgeber).

und leben wollen: dem greifbaren unserer täglichen Erfahrung oder dem viel mächtigeren unseres Lebens in Christus. Die Kraft seiner Auferstehung, die ganze Kraft Gottes, »die da selig macht« (Rö 1, 16) steht uns in Christus zur Seite. Aber immer hängt es davon ab, ob wir den göttlichen Tatbestand zu unserer Wirklichkeit werden lassen.

»Es ist aber der Glaube eine gewisse Zuversicht des, das man hofft, und ein Nichtzweifeln an dem, das man nicht sieht« (Heb 11, 1), und »was aber unsichtbar ist, das ist ewig« (2 Kor 4, 18).

Der Glaube macht göttliche Wirklichkeit zu meiner eigenen Wirklichkeit. Durch den Glauben wird das Werk Christi ein Werk für mich. Tausende von Menschen lesen Römer 6, 6, »Unser alter Mensch ist mit ihm gekreuzigt worden«. Für den Glaubenden ist das Wahrheit, für den Zweifler oder auch den nur verstandesmäßig Bejahenden ist es unwahr.

Wir müssen uns auch klar darüber sein, daß wir es hier nicht mit Verheißungen, sondern mit Tatsachen zu tun haben. Gottes Verheißungen werden uns durch seinen Geist offenbart, damit wir sie ergreifen sollen; aber Tatsachen sind objektiv und bleiben bestehen, ob wir sie glauben oder nicht. Wenn wir das, was am Kreuz geschehen ist, nicht glauben, so bleibt es trotzdem wahr, aber es ist wertlos für uns. Es braucht keinen Glauben, damit die Dinge an sich wirklich werden, aber der Glaube macht sie wirklich für unser eigenes Leben.

Was der Wahrheit des Wortes widerspricht, müssen wir als eine Lüge des Teufels betrachten. Es mag sich aber durchaus um konkrete Erscheinungen handeln, aber es sind dennoch Lügen, wenn Gott eine höhere Wahrheit dagegen gestellt hat. An der Tatsache des Kreuzes besteht nie der leiseste Zweifel, auch wenn sie Satan noch so überzeugend widerlegen will.

Ein geschickter Lügner treibt nicht nur in Worten, sondern auch in Handlungen und Gebärden sein Handwerk. Er kann ebenso eine Falschmünze in Umlauf setzen wie die Unwahrheit sagen. Da der Teufel ein so geschickter Lügner ist, können wir nicht erwarten, daß er bei Worten halt macht. Bei seinem

Versuch, uns in unserem Vertrauen auf Gottes Wort irre zu machen, wird er zu Zeichen, Gefühlen und Erlebnissen greifen. Ich will damit nicht bestreiten, daß »das Fleisch« an sich eine Wirklichkeit darstellt. Wir werden sogar noch viel davon zu sprechen haben. Aber unsere konkreten Erlebnisse »im Fleisch« dürfen uns nicht von unserem Standpunkt abbringen, den wir durch die Offenbarung gewonnen haben. Sowie es für uns Tatsache geworden ist, daß wir mit Christus gestorben sind, wird Satan sein Bestes tun, um uns durch unsere täglichen Erfahrungen davon zu überzeugen, daß wir durchaus noch am Leben sind. Wir haben dann die Wahl zu treffen, ob wir Satans Lüge oder Gottes Wahrheit glauben wollen, ob wir uns vom Schein der Dinge oder von dem, was Gott sagt, leiten lassen.

Ich bin Watchman Nee. Das ist eine für mich verläßliche Tatsache. Natürlich kann ich mein Gedächtnis verlieren oder träumen, ich sei jemand anders. Aber ob ich es fühle oder nicht, ob ich wache oder schlafe, ob ich mir bewußt bin oder es vergesse, ich bin immer Watchman Nee.

Schwieriger ist es, wenn ich vorgebe, jemand anders zu sein. Gesetzt den Fall, ich wollte mich als Fräulein K. ausgeben, so würde ich mir ständig sagen müssen: »Du bist Fräulein K., vergiß es ja nicht!« Aber trotzdem ich mich mit aller Entschiedenheit dafür halten wollte, ist es doch wahrscheinlich, daß ich mich verraten und auf meinen eigenen Namen antworten würde, sollte jemand »Herr Nee« rufen. Die Wahrheit würde über die Täuschung triumphieren und mein ganzes Mich-dafür-Halten würde im entscheidenden Augenblick zusammenbrechen. Da ich aber wirklich Watchman Nee bin, fällt es mir nicht schwer, mich auch dafür zu halten. Nichts in meiner Erfahrung kann diesen Tatbestand ändern.

Ob ich es fühle oder nicht, ich bin mit Christus gestorben. Wie bin ich dessen sicher? Weil Christus gestorben ist; und »Wenn *einer* für alle gestorben ist, so sind sie alle gestorben« (2 Kor 5, 14). Solange ich auf dieser Tatsache beharre, hat Satan keine Macht über mich. Wir müssen aber gewärtig sein, daß er diese Gewißheit immer zu erschüttern versucht. Wenn er uns dazu bringen kann, Gottes Wort in Zweifel zu stellen, so hat er sein Ziel erreicht, und wir sind in seiner Macht. Bleiben wir aber unerschütterlich auf Gottes Wort stehen, gewiß, daß Satan nichts über Gottes Wort und Werk vermag, dann kann der Verführer jede Taktik anwenden, die er nur will, wir spotten seiner. »Wir wandeln im Glauben und nicht im Schauen« (2 Kor 5, 7).

Auf einer schmalen Mauer gingen einst Tatsache, Glaube und Erfahrung hintereinander her. Tatsache wandte sich weder zur Rechten noch zur Linken noch nach hinten, sondern schritt unbeirrt voran. Solange Glaube dahinter seinen Blick auf Tatsache gerichtet hielt, ging alles gut. Als er sich aber um Erfahrung zu sorgen begann und sich nach ihr umsah, verlor er das Gleichgewicht, fiel von der Mauer, und die gute alte Erfahrung stürzte hinterdrein.

Jede Versuchung besteht in erster Linie darin, den Blick vom Herrn abzuwenden und statt dessen auf die Erscheinung der Dinge zu achten. Immer wieder stellen sich dem Glauben Berge in den Weg: Widersprüche zu Gottes Wort, praktische Erfahrungen, Gefühle oder Vermutungen. Dann muß entweder der Glaube oder der Berg weichen, und manches Mal weicht leider der Glaube. Das ist aber nicht nötig. Wenn wir uns auf unsere Sinne verlassen, um die Wahrheit zu erkennen, so finden wir oft genug, daß Satans Lügen unserer Wahrnehmung entsprechen. Aber wenn wir alles ablehnen, was Gottes Wort widerspricht und allein im Glauben an ihn beharren, so merken wir statt dessen, daß sich Satans Lügen in Nichts auflösen und unsere Erfahrung mehr und mehr mit Gottes Wort in Einklang kommt.

Zu diesem Ziel gelangen wir in unserem Umgang mit Christus. In konkreten Situationen ist es, daß wir ihn immer besser kennenlernen, denn da sehen wir in ihm wirkliche Gerechtigkeit, wirkliche Heiligkeit, das wirkliche Auferstehungsleben. Was wir objektiv an ihm wahrnehmen, gewinnt dann in uns Gestalt. Das ist das Zeichen der Reife. Paulus ersehnt diesen Vorgang für die Galater: »Meine lieben Kinder, welche ich abermals mit Ängsten gebäre, bis daß Christus in euch Gestalt gewinne ...« (Gal 4, 19).

Glaube läßt das zur persönlichen Wirklichkeit werden, was bei Gott ewige Tatsache ist.

In ihm bleiben

Wir kennen die Worte des Herrn aus Joh 15, 4: »Bleibet in mir und ich in euch.« Gottes eigenes Handeln versetzte uns in Christus. An uns ist es, in ihm zu bleiben. Es ist von entscheidender, praktischer Wichtigkeit, daß wir im Glauben erfassen, daß alles, was für Christus gilt, auch für uns gilt: daß wir in ihm sind. Denn Satan bemüht sich ständig, uns aus diesem Verhältnis herauszuholen und uns zu überzeugen, daß wir »draußen« sind. Er benützt Anfechtung, Niederlagen, Leiden und Prüfungen, um uns deutlich spüren zu lassen, daß wir nicht in Christus sind. Es fängt an mit dem Gedanken, daß wir gar nicht in solch schlimmer Verfassung sein könnten, wenn wir wirklich in ihm wären, und wir beten: »Herr, versetze mich in Christus!« Welche Verkehrung! Gottes ausdrückliches Gebot ist, daß wir in Christus bleiben sollen. Das ist der Weg zur Befreiung, denn er ermöglicht es Gott, in unser Leben hineinzugreifen und seinen Plan in uns zu verwirklichen. Nur so wird Raum für die Kraft der Auferstehung (Rö 6, 4. 9. 10), damit alles, was für Christus gilt, mehr und mehr auch in unserer täglichen Erfahrung Wahrheit werden kann. Wo vorher »die Sünde geherrscht hat zum Tode« (Rö 5, 21), erleben wir nun zu unserer Freude, daß wir »hinfort der Sünde nicht dienen« (Rö 6, 6).

Kehren wir aber auf den Boden unseres eigenen Wesens zurück, so finden wir, daß alles, was an der alten Natur war, auch weiterhin für uns zutrifft. In Christus haben wir alles. In uns selbst haben wir nichts. So oft suchen wir am falschen Ort, um den Tod unseres Ichs zu finden. Er ist in Christus. Sehen wir auf uns selbst, so stellen wir sofort fest, wie lebendig wir für die Sünde sind. Aber wenn wir auf den Herrn schauen, so sorgt Gott dafür, daß einerseits der Tod, andererseits aber auch das »neue Leben« (Rö 6, 4) in uns zur Auswirkung kommt. »Ihr lebet Gott in Christus Jesus« (Rö 6, 11).

»Bleibet in mir und ich in euch.« Dieser Satz enthält einen Befehl und zugleich ein Versprechen. »Ich in euch« ist die Folge unseres Bleibens in ihm. Wenn wir nur dem Befehl nachkommen, so wird es sich Gott angelegen sein lassen, sein Versprechen zu erfüllen. Er hat es ja bereits getan.

Es ist wie mit dem elektrischen Licht. Wenn wir ein dunkles Zimmer erhellt haben möchten, so werden wir nicht intensiv die Lampe beobachten, um zu sehen, ob Licht kommt. Wir werden auch kein Tuch nehmen und die Birne abstauben, sondern zum Lichtschalter gehen und den Strom einschalten. Das ist die Bedingung, die *wir* zu erfüllen haben, damit es hell wird.

So müssen wir in unserem Wandel mit Gott unsere Augen auf Christus gerichtet halten, damit er in uns Gestalt annimmt. »Bleibet in mir und ich in euch« ist die göttliche Ordnung. Glaube in das Objektive seines Werkes wird zur subjektiven Wahrheit. Paulus drückt es in 2 Kor 3, 18 so aus: »Wir alle aber, die wir . . . die Herrlichkeit des Herrn widerspiegeln, werden dadurch in das gleiche Bild umgestaltet« (Menge).

Das gleiche gilt auch für unser Fruchtbringen. »Wer in mir bleibt und ich in ihm, der bringt viel Frucht« (Joh 15, 5). Unsere Sorge gilt nicht dem Fruchtbringen oder der Frucht, sondern wir haben auf ihn zu schauen. Dann wird Gott sehen, daß sein Wort an uns in Erfüllung kommt.

Wie bleiben wir in ihm? »Durch Gott aber seid ihr in Christus Jesus« (1 Kor 1, 30). Gott hat uns in Christus hineinversetzt. Nun gilt es für uns, darin zu bleiben. Lassen wir uns nicht auf unseren eigenen Boden zurückversetzen! Wollen wir uns selbst nie außerhalb von Christus sehen! Wollen wir vielmehr ihn anschauen und uns in ihm erkennen! Bleiben wir in ihm! In der Tatsache, daß Gott uns in seinen Sohn versetzt hat, dürfen wir völlig geborgen sein und in der Erwartung leben, daß er sein Werk in uns vollenden wird. Er ist es, der die herrliche Verheißung zur Erfüllung bringt: »Denn die Sünde wird nicht herrschen können über euch« (Rö 6, 14).

5. Die Scheidung durch das Kreuz

Die Herrschaft dieser Welt ist nicht die Herrschaft Gottes. Gott hatte seine Schöpfung als eine Weltordnung geplant, an deren Spitze Christus, sein Sohn, stehen sollte (Kol 1, 16. 17). Aber Satan bediente sich des Menschen und errichtete seine Rivalenherrschaft, die in der Schrift als »diese Welt« bezeichnet wird. Wir alle sind in diese Herrschaft einbezogen, die vom Satan ausgeübt wird. Er ist zum »Fürsten dieser Welt« geworden (Joh 12, 31).

Die alte und die neue Kreatur

So ist in Satans Händen Gottes erste Schöpfung zur »alten Schöpfung« geworden; Gott aber wirkt eine neue Schöpfung mit neuer Herrschaft über eine neue Welt. Nichts aus der alten Schöpfung kann in die neue übernommen werden. Die Frage ist, welchem der beiden Reiche wir angehören.

Paulus läßt uns in keinem Zweifel, welches dieser Reiche nun tatsächlich das unsere ist. Er sagt, daß Gott uns in dem Erlösungswerk »errettet hat von der Macht der Finsternis und hat uns versetzt in das Reich seines lieben Sohnes« (Kol 1, 12. 13).

Aber um uns in sein neues Reich zu bringen, muß Gott etwas Neues in uns wirken. Er muß uns zu neuen Kreaturen machen. Wenn wir nicht von neuem geschaffen werden, taugen wir niemals für das neue Reich. »Was vom Fleisch geboren wird, das ist Fleisch« (Joh 3, 6), und »Fleisch und Blut können nicht das Reich Gottes ererben; auch wird das Verwesliche nicht erben das Unverwesliche« (1 Kor 15, 50). Unsere fleischliche Natur mag entwickelt und kultiviert sein, wie sie nur will, Fleisch ist Fleisch. Unsere Tauglichkeit für das neue Reich hängt ganz und gar davon ab, welcher Schöpfung wir angehören. Die Frage ist nicht »gut oder böse«, sondern »Fleisch oder Geist«. »Was vom Fleisch geboren wird, das ist Fleisch« und wird nie etwas anderes sein.

Wenn wir wirklich verstanden haben, daß Gott etwas ganz Neues für sich haben will, so sehen wir ein, warum wir aus der alten Schöpfung niemals einen Beitrag zu diesem Neuen leisten können. Gott wollte uns für sich haben. Aber wie wir waren, konnte er uns nicht für seinen Plan gebrauchen. Darum ließ er uns zuerst durch das Kreuz Christi sterben und gab uns dann durch die Auferstehung ein neues Leben. »Ist jemand in Christus, so ist er eine neue Kreatur; das Alte ist vergangen, siehe, es ist alles neu geworden« (2 Kor 5, 17). Als neue Kreaturen mit neuen Fähigkeiten ist für uns Platz in dem neuen Reich.

Durch das Kreuz hat Gott allem Alten, auch unseren alten Menschen, ein Ende gemacht, um uns durch die Auferstehung alles zukommen zu lassen, was uns für ein Leben in der neuen Welt nötig ist. »So sind wir ja mit ihm begraben durch die Taufe in den Tod, damit, gleichwie Christus ist auferweckt von den Toten durch die Herrlichkeit des Vaters, also sollen auch wir in einem neuen Leben wandeln« (Rö 6, 4).

Das Kreuz ist das Zeichen der größten Verneinung im Weltall, denn Gott löschte damit alles aus, was nicht von ihm war. Die Auferstehung aber ist das gewaltigste Ja, weil Gott damit alles zum Leben erweckte, was nach seinem Willen in der neuen Schöpfung bestehen soll. Die Auferstehung ist die Schwelle der neuen Schöpfung, sie ist Gottes neuer Ansatzpunkt.

So haben wir also zwei Welten vor uns, die alte und die neue. Satan hat absolute Herrschaft über die alte Welt. Es mag gute Menschen in ihr geben, aber solange sie dorthin gehören, sind sie des Todes. Das Kreuz ist Gottes Erklärung, daß alles aus der alten Schöpfung sterben muß. Nichts aus Adam kann jenseits des Kreuzes gelangen. Je früher wir das einsehen, desto besser, denn durch das Kreuz ist es auch, daß wir der alten Schöpfung entkommen. Gott hat alles, was aus Adam war, in seinem Sohn zusammengefaßt und ihn gekreuzigt. Darauf ließ er gleichsam eine Proklamation folgenden Inhalts durch das Weltall erschallen: »Alles, was nicht von mir ist, wurde durch das Kreuz beseitigt. Wer zur alten Schöpfung gehört, ist in diesen Akt eingeschlossen, er ist in Christus mitgekreuzigt worden!« Keiner von uns kann diesem Beschluß entrinnen.

Damit kommen wir zur Taufe. »Wisset ihr nicht, daß alle, die wir in Jesu getauft sind, die sind in seinen Tod getauft? So sind wir ja mit ihm begraben durch die Taufe in den Tod« (Rö 6, 3. 4). Was bedeuten diese Worte?

Die Taufe steht in der Schrift mit der Errettung im Zusammenhang. »Wer da glaubet und getauft wird, der wird selig (= gerettet) werden« (Mk 16, 16). Der Schrift nach dürfen wir nicht von einer Wiedergeburt durch die Taufe, jedoch von der Errettung durch die Taufe sprechen, womit nicht Errettung von unseren Sünden oder der Macht der Sünde, sondern von Satans Herrschaft gemeint ist. Errettet werden heißt, aus seiner Herrschaft in Gottes Reich entkommen. Paulus rühmt sich allein des Kreuzes unseres Herrn Jesus Christus, »durch welchen mir die Welt gekreuzigt ist und ich der Welt« (Gal 6, 14).

Die Taufe bestätigt also eine Seite des Kreuzes, durch welche wir von dieser gegenwärtigen korrupten Welt erlöst werden. Es ist die Taufe »in seinen Tod«, das Ende der alten Schöpfung. Aber es ist auch die Taufe »in Jesus Christus«, in eine neue Schöpfung hinein. Ein Mensch taucht im Wasser unter und seine ganze Welt mit ihm. Er kommt in Christus herauf, aber seine Welt ließ er hinter sich.

»Glaube an den Herrn Jesus Christus, so wirst du ... selig«, sagte Paulus zu dem Kerkermeister in Philippi und »sagten ihm das Wort Gottes und allen, die in seinem Hause waren ... und er ließ sich taufen und alle die Seinen alsobald.« Durch diesen Akt bezeugten sie vor Gott, seinem Volk und den geistlichen Mächten, daß sie aus einer dem Gericht verfallenen Welt errettet worden waren. Daraufhin, lesen wir,

»freute er sich mit seinem ganzen Hause, daß er an Gott gläubig geworden war« (Apg 16, 31–34).

Daraus sehen wir nun, welch gewaltiger Vorgang in der Taufe angezeigt ist. Sie bezieht sich auf den Tod und die Auferstehung unseres Herrn und scheidet zwischen zwei Welten.

Wer in einem heidnischen Land gearbeitet hat, hat es erfahren, welch ungeheure Bedeutung der Taufe zukommt.

Begrabensein in den Tod

Was ist nun meine Antwort auf Gottes Urteil über die alte Schöpfung? Ich begehre die Taufe. In Rö 6, 4 erklärt Paulus, daß die Taufe Begrabenwerden bedeutet. »So sind wir ja mit ihm begraben durch die Taufe in den Tod.« Wir haben gesehen, daß Taufe Tod und Auferstehung verbindet. Taufe an sich bedeutet jedoch keines von beiden, sondern Begrabenwerden. Wen begräbt man? Die Toten. Wenn ich mich taufen lassen will, erkläre ich mich für tot und bereit für das Grab.

Was für ein Irrtum ist es, wenn Menschen gelehrt werden, das Begräbnis als ein Mittel zum Tod anzusehen! Sie versuchen zu sterben, indem sie sich begraben lassen! Ich muß es mit allem Nachdruck sagen: Solange uns die Augen nicht für die Erkenntnis geöffnet wurden, daß wir mit Christus gestorben und begraben sind, haben wir kein Recht auf die Taufe. Wir steigen in das Wasser hinab, weil wir erkannt haben, daß wir in Gottes Augen bereits gestorben sind. Dies bezeugen wir. Gottes Anruf ist ganz klar und einfach: »Christus ist gestorben, und ich habe dich in seinen Tod einbezogen.« Meine Antwort ist die Taufe, in der ich öffentlich mein Einverständnis mit Gottes Handeln an mir bezeuge. Ich sage Ja zu Tod und Begräbnis, zu denen er mich bestimmt hat.

Eine Frau in China kam über den Tod ihres Mannes so von Sinnen, daß sie sich weigerte, ihn begraben zu lassen. Vierzehn Tage lang lag er im Hause. »Er ist nicht tot«, sagte sie. »Ich spreche jede Nacht mit ihm.« Sie konnte einfach nicht glauben, daß er tot war und wollte ihn darum nicht begraben lassen. – Auch wir begraben unsere Toten nur dann, wenn wir absolut sicher sind, daß sie verschieden sind. Solange auch nur die geringste Hoffnung besteht, daß sie leben, denken wir nicht daran, sie zu begraben.

Wann werde ich mich darum taufen lassen? Wenn ich einsehe, daß Gottes Handeln vollkommen ist, daß ich den Tod verdient habe, und wenn ich glaube, daß mich Gott bereits gekreuzigt hat. Wenn mir mein Tod in Gottes Augen zur Gewißheit geworden ist, kann ich mich taufen lassen. Denn dann kann ich sagen: »Gott sei Dank, ich bin tot! Herr, du hast mich hingerichtet; begrabe mich nun!«

Zwischen der alten und der neuen Welt liegt ein Grab. Gott hat mich zwar bereits gekreuzigt, aber ich muß meine Zustimmung zu dem Grab geben. Meine Taufe bekräftigt Gottes Urteil über mich, das im Kreuz seines Sohnes vollstreckt wurde. Sie bestätigt, daß ich der alten Welt entzogen bin und nun der neuen angehöre. So bedeutet die Taufe einen bewußten Bruch mit meinem alten Leben. »Wie sollten wir in der Sünde wollen leben, der wir abgestorben sind?« (Rö 6, 2). Paulus sagt mit andern Worten: Wenn ihr in der alten Welt weiterleben wollt, warum ließt ihr euch dann taufen? Durch unsere Zustimmung zum Begrabenwerden des alten Menschen wurde der Weg für die neue Kreatur frei.

In Römer 6, 5 — Paulus spricht immer zu den Getauften (Vers 3) — steht, daß wir »in ihn eingepflanzt sind zu gleichem Tode«. Durch den Taufakt bejahen wir die Vereinigung zwischen uns und Christus in Tod und Auferstehung. Diese Tatsache wollte ich einst einem Bruder erklären, als wir gerade zusammen Tee tranken. Ich nahm ein Stück Zucker und ließ es in der Tasse zergehen. Einige Minuten später fragte ich ihn, ob er mir nun sagen könne, wo der Zucker und wo der Tee sei. Er verneinte, weil, wie er sagte, das eine in dem anderen aufgegangen sei. Einfach wie das Beispiel war, half es ihm, die Stärke und Endgültigkeit unserer Verbindung mit Christus in seinem Tod zu erkennen. Es ist Gottes Handeln, und seine Handlungen sind unwiderruflich.

Die eigentliche Bedeutung der Taufe besteht darin, daß wir

in den historischen Tod Jesu hineingetauft werden. So identisch werden wir mit ihm, daß es unmöglich ist, seinen Tod von unserem Tod zu trennen. Wenn wir ins Wasser hinabsteigen, so bezeugen wir öffentlich, daß der Tod Jesu vor zweitausend Jahren so gewaltig und allumfassend war, daß alles in uns, was nicht von Gott ist, damit ein Ende fand.

Die Auferstehung zum neuen Leben

In Jesu Tod werde ich hineingetauft. »Ich in Christus« ist der Inhalt der Handlung. Für die Auferstehung gilt das gleiche, aber es kommt noch ein neues Element hinzu: »Christus in mir.« Die Kraft seiner Auferstehung dringt in mich ein und verleiht mir neues Leben. Wie geschieht das? Paulus gebraucht ein sehr anschauliches Bild, wenn er sagt: »Wenn wir in ihn eingepflanzt werden zu gleichem Tode, so werden wir ihm auch in seiner Auferstehung gleich sein« (Rö 6, 5). Das Wort für »eingepflanzt« hat im Griechischen auch die Bedeutung »gepfropft« und gibt uns eine Vorstellung, wie das Leben Christi in uns gelangt.

In Fukien besuchte ich einst einen Mann, der eine Plantage von etwa dreihundert Longien-Bäumen* besaß. Ich fragte ihn, ob seine Bäume veredelt seien. »Glauben Sie, ich würde mein Land an unveredelte Bäume verschwenden?« entgegnete er. Ich bat ihn, mir den Vorgang des Aufpfropfens zu erklären, was er gerne tat. »Wenn ein Baum eine bestimmte Höhe erreicht hat«, sagte er, »schneide ich die Krone ab und pfropfe den neuen Trieb auf. Sehen Sie jenen Baum dort? Das ist mein Mutterbaum, denn alle Triebe für die anderen Bäume kommen von ihm. Wenn die andern Bäume ihrem natürlichen Wachstum überlassen blieben, würden die Früchte etwa so groß

---

* Long-ien (Euphoria longana) ist in China heimisch. Seine Früchte gleichen in Größe der Aprikose mit rundem Stein, trockener, hellbrauner, papierähnlicher Haut und köstlichem, weißen, traubenähnlichen Fleisch. Sie werden frisch oder getrocknet gegessen und sind bei Chinesen wegen ihres Geschmacks und Nährwerts sehr geschätzt (Der Herausgeber).

wie Himbeeren und fast nur Haut und Stein sein. Dieser Baum aber hat saftige, pflaumengroße Früchte mit ganz dünner Haut und einem winzigen Stein. Alle veredelten Bäume tragen dann natürlich Früchte so wie er. Ich nehme einfach ein wenig von der Natur des einen Baumes und verpflanze sie in einen anderen. Das Edelreis wird in den schlechten Baum eingekeilt, verbunden, und dann lasse ich es wachsen.«

»Aber wie kann es wachsen?« fragte ich.

»Ich weiß es auch nicht, aber es wächst«, war die Antwort.

Daraufhin zeigte er mir die armseligen Früchte unterhalb des veredelten Stammes und die dicken, saftigen Früchte von oben.

»Die alten Triebe mit ihren unbrauchbaren Früchten habe ich gelassen, um den Unterschied zeigen zu können«, sagte er. »Sie sehen nun selbst, warum ich nur veredelte Bäume habe.«

Wie kann ein Baum die Früchte eines anderen tragen? Wie kann ein schlechter Baum gute Früchte hervorbringen? Nur durch den Veredlungsprozeß, indem das Leben eines guten Baumes in ihn verpflanzt wird. Wenn aber ein Mensch das Reis eines Baumes auf einen anderen pfropfen kann, kann dann nicht Gott etwas von dem Leben seines Sohnes in uns hineinpflanzen? Wie es vor sich geht, weiß ich nicht. »Der Wind bläst, wo er will, und du hörst sein Sausen wohl; aber du weißt nicht, woher er kommt und wohin er fährt. So ist jeglicher, der aus dem Geist geboren ist« (Joh 3, 8). Wir wissen nicht, wie Gottes Werk in uns getan wird, aber es wird getan. Wir können und brauchen nichts dazu tun, denn durch die Auferstehung hat Gott alles getan.

Es gibt nur ein einziges Leben auf der Welt, das gute Frucht bringt, und dieses Leben ist in Millionen andere Leben gepflanzt worden. Wir nennen es den Vorgang der Wiedergeburt. Es ist der Empfang eines Lebens, das ich vorher nicht besaß. Nicht mein eigenes, natürliches Leben wurde verändert, sondern ein anderes, völlig neues, göttliches Leben wurde mir verliehen.

Durch das Kreuz seines Sohnes hat Gott die alte Natur

beiseite tun lassen, um durch die Auferstehung eine neue Schöpfung in Christus zu wirken. Er hat die Tür zum alten Reich der Finsternis verschlossen und mich ins Reich seines lieben Sohn versetzt. Ich rühme mich nun der Tatsache, daß alles geschehen ist, daß mir durch das Kreuz unseres Herrn Jesus Christus »die Welt gekreuzigt ist und ich der Welt« (Gal 6, 14). Die Taufe ist mein öffentliches Zeugnis dieses Geschehens. Darin und in dem Zeugnis meines Mundes besteht das Bekenntnis, von dem geschrieben steht, daß man in ihm selig wird (Rö 10, 10).

6. Wachstum im Christenleben

»Ergebt euch selbst Gott . . .«

Nun sind wir soweit, daß wir von der Hingabe unseres Lebens sprechen können. Als Grundlage dient uns die zweite Hälfte von Römer 6, von Vers 12 an. Dort heißt es: »So lasset nun die Sünde nicht herrschen in eurem sterblichen Leibe, Gehorsam zu leisten seinen Gelüsten. Auch ergebet nicht der Sünde eure Glieder zu Waffen der Ungerechtigkeit, sondern ergebet euch selbst Gott, als die da aus den Toten lebendig sind, und eure Glieder Gott zu Waffen der Gerechtigkeit.« Das wichtigste Zeitwort, das in dem Abschnitt bis Vers 19 fünfmal vorkommt, ist »ergebt«. Es bezeichnet den Akt der Hingabe, wird jedoch oft in falschem Sinn gebraucht. Es bedeutet nicht, daß der »alte Mensch« mit seinen natürlichen Fähigkeiten und Begierden, seiner Weisheit und Kraft dem Herrn geweiht wird. Die richtige Bedeutung wird durch Vers 13 klar, wenn Paulus sagt: »Ergebt euch selbst Gott, als die da aus den Toten lebendig sind.« Damit ist der Moment angezeigt, von dem an die Hingabe überhaupt erst beginnen kann. Es ist nicht die Rede von irgendeinem Teil aus der alten Schöpfung, sondern nur von dem, was vom Tod zur Auferstehung gelangt ist. Nur das kann dem Herrn geweiht werden. Die Hingabe erfolgt auf mein Wissen hin, daß der alte Mensch gekreuzigt ist. Erkennen – sich dafür halten – sich hingeben, das ist die Reihenfolge nach göttlicher Ordnung.

Wenn wir wirklich erkannt haben, daß wir mit ihm gekreuzigt sind, so halten wir uns ganz natürlich für tot (Vers 6 und 11); und wenn wir wissen, daß wir mit ihm von den Toten erweckt sind, so halten wir uns dafür, daß wir Gott in Christus Jesus leben (Vers 9 und 11). Dann kann meine Hingabe erfolgen. Durch die Auferstehung ist Christus die Quelle meines Lebens, ja mein Leben selbst geworden. Darum kann ich nichts anderes tun, als ihm alles übergeben, denn alles ist sein. Aber ohne Tod habe ich ihm nichts zu weihen, denn Gott hat alles aus der alten Schöpfung zum Kreuz verdammt. Was nicht für Gott taugt, hat der Tod hinweggenommen. Die Auferstehung allein macht die Hingabe möglich.

Hingabe an Gott bedeutet, daß ich von nun an mein ganzes Leben als Gott gehörig betrachte. Dieses Hingeben bezieht sich, wie wir lesen, auf die Glieder meines Leibes, jenes Leibes, der nun der Sünde abgestorben ist. »Ergebet euch selbst ... und eure Glieder ...« sagt Paulus, und gleich darauf: »... ergebt auch nun eure Glieder ...« (Rö 6, 13–19). Gott verlangt, daß ich alle meine Glieder, alle meine Fähigkeiten ihm allein zur Verfügung stelle.

Es ist etwas Großes, wenn jemand erkannt hat, daß er nicht mehr sich selbst, sondern dem Herrn gehört. Wenn die zehn Schillinge in meiner Tasche mir gehören, dann verfüge ich darüber. Gehören sie aber einem anderen, der sie mir nur zur Verwaltung übergeben hat, so kann ich sie nicht nach meinem Willen ausgeben und hüte mich, sie zu verlieren. Das echte Christenleben beginnt in diesem Bewußtsein. Wie viele von uns wissen wohl, daß wir, weil Christus auferstanden ist, Gott leben und nicht uns selbst? Wie viele verfügen über ihr Geld, ihre Zeit und ihre Fähigkeiten nicht nach eigenem Willen, weil sie erkannt haben, daß sie dem Herrn gehören und nicht sich selbst? Sind wir so erfüllt von dem Wissen, ihm zu gehören, daß wir weder einen Schilling noch eine Stunde noch eine geistige oder körperliche Gabe zu vergeuden wagen?

Einmal fuhr ein chinesischer Bruder im Zug und fand sich mit drei Nichtchristen im Wagen, die die Zeit mit Kartenspielen verbringen wollten. Da sie einen vierten Mann brauchten, luden sie den Bruder zum Mitspielen ein.

»Ich muß euch leider enttäuschen«, sagte dieser, »aber ich kann nicht mitspielen, da ich meine Hände nicht mitgebracht habe.«

»Was soll das heißen?« fragten sie voll Verwunderung.

»Diese beiden Hände gehören mir nicht«, antwortete er und erklärte ihnen dann die große Eigentumsübertragung, die in seinem Leben stattgefunden hatte.

Dieser Bruder betrachtete die Glieder seines Leibes als allein Gott gehörig. Das ist die Haltung echter Heiligkeit.

Paulus sagt: »... ergebt auch nun eure Glieder zum Dienst der Gerechtigkeit, daß sie heilig werden« (Rö 6, 19). Machen wir es zu einem konkreten Akt! »Ergebt euch selbst Gott!«

Abgesondert für Gott

Viele Menschen glauben, wir würden durch die Ausmerzung des Bösen in uns heilig. Das stimmt nicht. Wir werden dadurch heilig, daß wir für Gott abgesondert werden.

Wenn im Alten Testament ein Mann von Gott erwählt wurde, um ganz des Herrn Eigentum zu werden, so wurde er öffentlich gesalbt und als »geheiligt« erachtet. Daraufhin war er für Gott »abgesondert«. In gleicher Weise konnten Tiere oder materielle Dinge – ein Lamm oder das Gold des Tempels – geheiligt werden, wieder nicht durch die Entfernung irgendeines Fehlers, sondern indem sie ausschließlich für den Herrn beiseite gesetzt wurden. »Heiligkeit« bedeutet nach dem Hebräischen immer ein Abgesondertsein für den Herrn (2 Mo 28, 36).

Wenn ich mich völlig Christus übergebe, so werde ich heilig. Wer sich Gott hingibt, weiß, daß er voll und ganz ihm gehört. Hingabe ist etwas Bestimmtes, Bewußtes, genau wie das Sich-für-tot-Halten. Es muß einen Zeitpunkt geben, an dem mein Leben aus meinen Händen in Gottes Hände übergeht. Das heißt durchaus nicht, daß ich mich dem Dienst des Herrn als Prediger oder Missionar weihe. Leider sind viele Menschen Missionare geworden, weil sie sich nicht dem Herrn in dem Sinne, in dem wir davon sprechen, übergeben haben. Sie haben Gott etwas ganz anderes geweiht, nämlich ihre natürlichen, ungekreuzigten Fähigkeiten. Aber das ist keine wirkliche Hingabe. Wir weihen uns nicht christlicher Arbeit, sondern dem Willen Gottes, zu sein und zu tun, was er mit uns vorhat.

David hatte viele mächtige Männer um sich. Die einen waren Feldherrn, die anderen Türhüter, ganz entsprechend dem Willen des Königs. Auch wir müssen bereit sein, als Feldherren oder als Türhüter zu dienen, ganz wie Gott uns unser Amt zuteilt. Bist du ein Christ, so hat dir Gott deinen Weg vorgezeichnet. Das gilt nicht nur von Paulus — er spricht in 2 Tim 4, 7 von dem »Lauf« —, sondern von jedem Christen, und es ist von höchster Wichtigkeit, daß jeder von uns seinen Weg erkennt und darauf geht. »Herr, ich übergebe mich dir und will nur das Eine: deinen Weg für mich erfahren und darauf gehen.« Das ist Hingabe. Wir sind wahrhaft Gesegnete, wenn wir am Ende unseres Lebens mit Paulus sprechen können: »Ich habe den Lauf vollendet.« Nichts Tragischeres gibt es auch andererseits, als ein Leben mit dem Wissen zu beenden, daß man den falschen Weg gelaufen ist. Wir haben nur ein Leben auf dieser Erde, und es steht uns frei, wie wir es leben wollen. Aber wenn wir uns selbst suchen, wird unser Leben nie Gott verherrlichen. Ich hörte einmal einen treuen Christen sagen: »Ich will nichts für mich. Ich will alles für Gott.« Münden alle deine Wünsche in Gottes Willen ein? Kannst du von Herzen sagen, daß Gottes Wille »gut, wohlgefällig und vollkommen« für *dich* ist? (Rö 12, 2).

Es ist eine Frage unseres Willens. Mein ganzer starker Selbstbehauptungswille muß ans Kreuz, wenn ich mich dem Herrn übergebe. Wir können nicht erwarten, daß uns ein Schneider einen Mantel fertigt, wenn wir ihm kein Tuch geben, oder daß uns ein Baumeister ein Haus baut, wenn wir ihm das Baumaterial verweigern. Wir können auch nicht vom Herrn erwarten, daß er in unser Leben einzieht, wenn wir ihm unser Leben versagen. Vielmehr müssen wir uns ihm ohne Vorbehalt und ohne Widerspruch übergeben, damit er nach seinem Gutdünken über uns verfüge.

Knecht oder Sklave?

Wer sich vorbehaltlos Gott übergibt, wird vieles in seinem Familien- und Berufsleben, in seinem Verhältnis zur Kirche und in seiner persönlichen Gedankenwelt zu ändern haben. Gott läßt nichts von dem alten Selbst bestehen. Er wird seinen Finger auf einen Punkt nach dem andern legen und sagen: »Das muß weg!« Bist du bereit dazu? Es ist immer töricht, Gott zu widerstehen, und weise, sich ihm zu beugen. Wir müssen zugeben, daß sich viele von uns immer noch mit dem Herrn streiten, weil sie etwas anderes wollen als er. Es gibt manches, dem wir nicht nachzugehen wagen, über das wir nicht beten, ja nicht einmal nachdenken wollen aus Angst, unsere innere Ruhe zu verlieren. Auf diese Weise können wir gewissen Dingen aus dem Weg gehen, aber wir begeben uns damit aus seinem Willen heraus. Es ist immer einfach, aus der Übereinstimmung mit ihm herauszutreten, aber es ist etwas Wunderbares, sich ihm völlig zu übergeben und seinem Willen freie Bahn zu lassen.

Wie gut ist es zu wissen, daß wir dem Herrn und nicht uns selbst gehören! Es gibt nichts Köstlicheres auf der Welt. Aus diesem Wissen heraus erfahren wir seine ständige Gegenwart. Ist einmal die Frage des Eigentums klargestellt, so werde ich nichts mehr in meinem Interesse tun, denn ich gehöre einzig und allein ihm. »Ihr wißt ja doch, daß, wenn ihr euch jemand als Knechte zum Gehorsam hingebt, ihr dann auch dessen Knechte seid und ihm Gehorsam zu leisten habt« (Rö 6, 16, Menge). Das Wort »Knecht« hier bedeutet eigentlich »Sklave«. Wir finden es mehrmals im zweiten Teil von Römer 6. Ein Knecht dient wohl einem anderen Menschen, wird aber damit nicht zu dessen Eigentum. Sagt ihm sein Herr zu, so bleibt er bei ihm. Sagt er ihm nicht zu, so kündigt er und sucht sich einen neuen Herrn. Nicht so ein Sklave. Er ist nicht nur Diener, sondern Eigentum seines Herrn.

Wie wurde ich zum Sklaven des Herrn? Einmal dadurch, daß er mich erkaufte und zum andern dadurch, daß ich mich ihm hingab. Durch das Erlösungswerk bin ich von Rechts wegen zu Gottes Eigentum geworden, aber ich muß mich ihm selbst noch freiwillig als Sklave übergeben, denn Gott wird mich niemals zwingen.

Die Not bei so vielen Christen heute ist, daß sie eine unvollständige Vorstellung von dem haben, was Gott von ihnen will. Wie leichtfertig sagen wir: »Herr, ich bin zu allem bereit!« Ist es uns klar, daß Gott nichts weniger als unser Leben von uns will? Das schließt hohe Ideale, feste Überzeugungen, geschätzte Beziehungen zu anderen Menschen und geliebte Aufgaben ein. Übergeben wir uns ja nicht Gott, es sei denn, es ist uns wirklich ernst damit! Denn Gott wird uns beim Wort nehmen, selbst wenn wir es nicht so meinen.

Als der galiläische Junge dem Herrn seine Brote brachte, brach sie Jesus zuerst. Gott wird immer erst brechen, was wir ihm darbringen. Aber darnach segnet er es und gebraucht es zum Dienst an anderen. Nachdem wir uns dem Herrn übergeben haben, beginnt er zu brechen, was ihm dargebracht wurde. Alles in unserem Leben scheint für eine Weile zu mißlingen, und wir protestieren und nörgeln an Gottes Wegen. Bleiben wir an diesem Punkt stehen, so sind wir nichts als ein zerbrochenes Gefäß — nutzlos für die Welt, denn wir sind zu weit gegangen, als daß sie uns noch gebrauchen könnte, und nutzlos für Gott, denn wir sind nicht weit genug für ihn gegangen. Wir haben mit der Welt gebrochen und liegen mit Gott im Streit. Wie manches Christenleben ist eine solche Tragödie!

Meine Hingabe an den Herrn nimmt in einem bewußten Schritt ihren Anfang. Von da an aber gebe ich mich täglich neu, übe keine Kritik daran, wie er mich gebraucht, sondern nehme auch das an, wogegen sich das Fleisch auflehnt

Ich gehöre nun dem Herrn, und erkenne sein Eigentumsrecht in allen Dingen an. Diese Haltung erwartet Gott, und darin zu beharren ist wirkliche Weihe oder Hingabe. Ich weihe mich, seinen Willen zu tun, wo immer ich bin, in Schule, Büro oder Küche. Was er für mich bestimmt, halte ich für das Allerbeste, denn nichts als Gutes kann denen widerfahren, die ganz sein sind.

Möchten wir ganz klar in dem Bewußtsein leben, daß wir nicht uns selbst gehören!

7. Das göttliche Ziel

Wir sprachen von der Notwendigkeit der Offenbarung, des Glaubens und der Lebensübergabe in einem normalen Christenleben. Um zu verstehen, warum diese Schritte notwendig sind, müssen wir uns das Ziel vor Augen halten, an das uns Gott bringen will.

Welchen Plan hat Gott mit seiner Schöpfung und mit seiner Erlösung? Die Antwort finden wir in zwei Stellen aus unseren beiden Teilen des Römerbriefs. Römer 3, 23 spricht vom Ruhm Gottes oder der Herrlichkeit Gottes, und Römer 8, 30 von der Herrlichkeit der Kinder Gottes.

»Sie sind allzumal Sünder und mangeln des Ruhmes, den sie bei Gott haben sollten« oder »ermangeln der Herrlichkeit Gottes« (Rö 3, 23). Gottes Ziel für den Menschen war Ruhm und Herrlichkeit, aber durch die Sünde wurde dieser Plan vereitelt. Wenn wir von der Sünde hören, so denken wir dabei unmittelbar an Gericht, Verdammnis und Hölle. Menschliches Denken richtet sich immer auf die Strafe, die aus der Sünde erwächst, aber Gott denkt an den Ruhm, der dem Menschen dadurch verlorengeht. Die Folge der Sünde ist, daß wir Gottes Ruhm für uns verwirken. Die Folge der Erlösung ist, daß uns der Ruhm neu zuteil wird. Gottes Plan in der Erlösung besteht aus nichts anderem als Ruhm und Herrlichkeit.

Paulus sagt in Römer 8: »Der Geist selbst gibt Zeugnis unserm Geist, daß wir Gottes Kinder sind. Sind wir aber Kinder, so sind wir auch Erben, nämlich Gottes Erben und Miterben Christi, wenn anders wir mit leiden, auf daß wir auch mit zur Herrlichkeit erhoben werden. Denn ich halte dafür, daß dieser Zeit Leiden der Herrlichkeit nicht wert sei, die an uns soll offenbart werden« (Rö 8, 16–18). »Denn welche er zuvor ersehen hat, die hat er auch verordnet, daß sie gleich sein sollten dem Ebenbilde seines Sohnes, auf daß derselbe der Erstgeborene sei unter vielen Brüdern. Welche er aber verordnet hat, die hat er auch berufen; welche er aber berufen hat, die hat er auch gerecht gemacht; welche er aber hat gerecht gemacht, die hat er auch herrlich gemacht« (Rö 8, 29–30).

So war es Gottes Plan, seinen Sohn Jesus Christus zum Erstgeborenen unter vielen Brüdern zu machen, die alle dem Bilde des Sohnes gleich sein sollten. Wie wurde das möglich? Dadurch, daß er die, die er gerecht machte, auch herrlich machte. Vielleicht sagt uns das zunächst sehr wenig. Wollen wir es darum näher betrachten!

In Joh 1, 14 steht: »Das Wort ward Fleisch und wohnte unter uns, und wir sahen seine Herrlichkeit, eine Herrlichkeit als des eingeborenen Sohnes vom Vater ...« Daß er Gottes »eingeborener Sohn« war, besagt, daß Gott keine weiteren Söhne hatte. Er war mit dem Vater von Ewigkeit her, aber Gott wollte nicht, daß er der eingeborene Sohn bleiben sollte, sondern er wollte ihn zum Erstgeborenen machen. Darum mußte er noch mehr Kinder haben.

Wenn wir die Geschichte vom verlorenen Sohn lesen, so sind wir normalerweise von all dem Elend beeindruckt, in das der Sohn gerät. Aber das eigentliche Anliegen des Gleichnisses ist nicht, uns zu zeigen, was der Sohn, sondern was der Vater zu leiden hat. »Mein Sohn war verloren und ist gefunden worden« (Lk 15, 24). Der Vater war es, der verloren hatte. Wenn ein Schaf verloren geht, so ist es der Verlust des Hirten; bei dem Groschen ist es der Verlust der Frau.

Gott sandte seinen eingeborenen Sohn, damit er der Erstgeborene unter vielen Brüdern werden sollte. Das ist die eigentliche Ursache für die Menschwerdung und das Kreuz, und darin wird letztlich der Plan Gottes erfüllt, daß viele Söhne zur Herrlichkeit geführt werden (Hebr 2, 10).

Römer 8, 29 spricht von »vielen Brüdern«, Hebräer 2, 10 von vielen »Söhnen«. Gottes Söhne sind Jesu Brüder. Beides sind Bezeichnungen, die Mündigkeit und Würde enthalten. Gott will mündige Kinder, die mit ihm leben und an seinem Ruhm teilhaben sollen. Darum schreibt Paulus: »... welche er aber hat gerecht gemacht, die hat er auch herrlich gemacht« (Rö 8, 30). Gott wirkt die Sohnschaft in seinen Kindern, indem er sie gerecht und herrlich macht. Von diesem Ziel wird er nicht abweichen. Er hat beschlossen, reife, mündige Söhne bei sich in seiner Herrlichkeit zu haben und hat den ganzen Himmel für sie bereitgestellt.

Das Weizenkorn

Der Weg, auf dem Gottes eingeborener Sohn zu seinem erstgeborenen wurde, ist in Johannes 12, 24 dargestellt: »Wahrlich, wahrlich ich sage euch: Wenn das Weizenkorn nicht in die Erde fällt und erstirbt, so bleibt's allein; wo es aber erstirbt, so bringt es viel Frucht.« Im ganzen All hatte Gott nur dieses eine Korn, und er senkte es in die Erde. Es starb und brachte in der Auferstehung viele Körner hervor.

In bezug auf seine Göttlichkeit bleibt Jesus immer der »eingeborene Sohn Gottes«. Aber andererseits ist er von der Auferstehung an bis in alle Ewigkeit der Erstgeborene, dessen Leben von da an auch in vielen Brüdern pulst. Denn wir sind aus dem Geist geboren und damit »teilhaftig ... der göttlichen Natur« (2 Petr 1, 4). Das alles nicht aus uns selbst, sondern in Abhängigkeit von Gott und weil wir »in Christus« sind. Wir haben »einen kindlichen Geist empfangen, durch welchen wir rufen: Abba, lieber Vater. Der Geist gibt Zeugnis unserem Geist, daß wir Gottes Kinder sind« (Rö 8, 15–16). Durch seine Menschwerdung und durch den Gehorsam bis zum Tod hat Jesus es möglich gemacht, daß dem Vater viele Söhne erstanden.

Das erste und zwanzigste Kapitel des Johannesevangeliums zeigen uns diesen Zusammenhang in wunderbarer Weise. Am Anfang sagt Johannes von Jesus, daß er »der eingeborene Sohn vom Vater« ist. Am Ende des Evangeliums berichtet er, wie Jesus nach seiner Auferstehung zu Maria Magdalena sagt: »Gehe aber hin zu meinen Brüdern und sage ihnen: Ich fahre auf zu meinem Vater und zu eurem Vater, zu meinem Gott und zu eurem Gott« (Joh 20, 17). Bis dahin sprach der Herr oft vom »Vater« oder von »meinem Vater«. Nun, in der Auferstehung sagt er auch »euer Vater«. Durch seinen Tod und die Auferstehung hat der erstgeborene Sohn viele Kinder in Gottes Familie gebracht. Darum auch nennt er sie »meine Brüder«. »Darum schämt er sich auch nicht, sie Brüder zu heißen« (Hebr 2, 11).

Adams Entscheidung und das Kreuz

Gott pflanzte allerlei Bäume in den Garten Eden, und »mitten im Garten« pflanzte er zwei Bäume, den Baum des Lebens und den Baum der Erkenntnis des Guten und Bösen. Adam war unschuldig geschaffen ohne Unterscheidungsvermögen von Gut und Böse. Wir würden einen erwachsenen Mann ohne Sinn für Recht und Unrecht gewiß als unterentwickelt bezeichnen. Auf dieser Ebene aber stand Adam. Gott brachte ihn in den Garten und sagte dem Sinne nach: »Der Garten ist voll von Obstbäumen, und von jeder Frucht darfst du nach deinem Belieben essen. Aber mitten im Garten steht der Baum der Erkenntnis des Guten und Bösen. Davon sollst du nicht essen, denn sobald du es tust, wirst du sterben. Aber daneben steht noch ein Baum; er heißt ›der Baum des Lebens‹.« Was bedeuteten die beiden Bäume?

Adam war moralisch neutral geschaffen, das heißt weder sündhaft noch heilig, sondern unschuldig. Gott setzte die beiden Bäume vor ihn, damit er eine freie Wahl treffen sollte. Er konnte den Baum des Lebens oder den Baum der Erkenntnis von Gut und Böse wählen. Die Erkenntnis von Gut und Böse, wenngleich sie Adam verboten war, ist an sich nichts Schlechtes. Ohne sie ist Adam gewissermaßen begrenzt, da er keine eigene sittliche Entscheidung treffen kann. Das Urteil über Recht und Unrecht liegt nicht bei ihm, sondern bei Gott, und Adams einzige Möglichkeit in einer Entscheidung ist, sie Jehova Gott anheimzustellen. Darum war es ein Leben völliger Abhängigkeit von Gott im Garten.

Die beiden Bäume repräsentieren zwei Ebenen des Lebens, die göttliche und die menschliche. Der Baum des Lebens stellt Gott selbst dar, denn Gott ist Leben. Er ist die höchste Form des Lebens wie auch Quelle und Ziel allen Lebens. Und die Frucht? Sie stellt unseren Herrn Jesus Christus dar. Niemand kann Gott als Gott empfangen, aber wir können Jesus empfangen. Wie die Frucht der eßbare Teil des Baumes für uns ist, so ist Jesus — ich darf es in aller Ehrfurcht sagen — der Teil Gottes, den wir in uns aufnehmen können.

Hätte Adam vom Baum des Lebens gegessen, so hätte er damit vom Leben Gottes in sich aufgenommen und wäre ein »Sohn« Gottes geworden. Gottes Leben wäre mit dem Menschen eine Vereinigung eingegangen. Ein Menschengeschlecht mit göttlichem Leben in ständiger, völliger Abhängigkeit von Gott wäre entstanden.

Sollte Adam aber den anderen Weg wählen und vom Baum der Erkenntnis des Guten und Bösen nehmen, so würde er damit sein Menschentum zu voller Entwicklung bringen. In seiner Vollendung als selbständiges Wesen würde er die Macht der Entscheidung besitzen, aber er würde kein göttliches Leben in sich tragen.

Das waren die Alternativen, vor denen Adam stand: der geistliche Weg, der Weg des Gehorsams, der in die Gottessohnschaft führt, oder der natürliche Weg, der ihn auf den Höhepunkt seiner Entwicklung als von Gott unabhängiges Wesen bringt.

Das Ergebnis von Adams Wahl wurde zur Geschichte der Menschheit.

Adam wählte den Baum der Erkenntnis des Guten und Bösen. Er wurde zu dem vollentwickelten Wesen, als das sich der Mensch heute sieht. Er wurde wissend, traf seine Entscheidungen, bestimmte sein Handeln. Von da an war er »klug« (1 Mo 3, 6). Aber die Folge alles dessen war der Tod für ihn; denn seine Wahl hatte ihn in die Partnerschaft mit Satan geführt und ihn damit unter das Gericht Gottes gebracht. Darum mußte ihm auch der Zugang zum Baum des Lebens verwehrt werden.

Adams Entscheidung war Sünde, weil er sich durch sie mit Satan verband, um den ewigen Plan Gottes zu vereiteln. Er wollte sein Menschsein entwickeln, ein hochstehender, in seinen Augen vielleicht sogar vollkommener Mensch werden, aber er wollte es ohne Gott. Darum war das Ende der Tod, weil er Gottes Leben nicht in sich trug, welches nötig ist, wenn Gottes Plan in uns verwirklicht werden soll. Statt dessen wurde er zum »unabhängigen« Agenten des Widersachers. So sind wir in Adam alle Sünder, von Satan regiert, dem Gesetz der Sünde und des Todes unterworfen und des Zornes Gottes würdig.

Von hier aus können wir sehen, worin der göttliche Grund für Tod und Auferstehung des Herrn Jesus lag. Auch verstehen wir, warum es eine unabänderliche Bedingung ist, daß wir uns der Sünde gestorben halten und daß wir uns völlig Gott hingeben »als die da aus den Toten lebendig sind«. Wir alle müssen ans Kreuz, denn unser natürliches Leben ist dem Gesetz der Sünde unterworfen. Weil Adam sein eigenes Leben wählte, mußte Gott alles, was in Adam war, zusammenfassen und sterben lassen. Unser alter Mensch ist gekreuzigt. Gott hat uns alle in Christus versetzt und ihn als den letzten Adam gekreuzigt. Alles, was in Adam ist, ist damit vergangen.

Danach aber ist Christus in neuer Gestalt auferstanden. Er besaß zwar noch einen Leib, aber er war »im Geist«, nicht mehr »im Fleisch«. »Der letzte Adam (ward) zum Geist, der da lebendig macht« (1 Kor 15, 45). Nun hat Jesus den herrlichen Auferstehungsleib und kann, weil er nicht mehr im

Fleisch ist, von allen aufgenommen werden. »Wer mich isset, der wird auch leben um meinetwillen« (Joh 6, 57), sagt er selbst. Die Juden wurden von dem Gedanken, sein Fleisch zu essen und sein Blut zu trinken, zutiefst abgestoßen, aber sie konnten Jesus im wörtlichen Sinn auch nicht aufnehmen, da er noch im Fleisch war. Nun aber, da er im Geist ist, können wir alle an ihm teilhaben. Und gerade dadurch werden wir zu Gottes Kindern. »Wieviele ihn aber aufnahmen, denen gab er Macht, Gottes Kinder zu werden ..., welche ... von Gott geboren sind« (Joh 1, 12. 13).

Gott reformiert unser Leben nicht. Sein Plan ist nicht, es auf einen gewissen Stand der Läuterung zu bringen, denn es ist von Grund auf so, daß es nicht verherrlicht werden kann. Er muß einen neuen Menschen haben, der von Gott geboren ist. Wiedergeburt und Rechtfertigung gehören zusammen.

»Wer den Sohn hat, der hat das Leben«

Das Leben vollzieht sich auf verschiedenen Ebenen. Das menschliche Leben liegt zwischen dem Leben der Tiere und dem Leben Gottes. Niemand kann die Kluft überbrücken, die uns von der höheren oder tieferen Ebene trennt. Die Entfernung von dem göttlichen Leben ist aber weitaus größer als die von dem Leben der Tiere.

In China besuchte ich einmal einen führenden Mann in christlicher Arbeit, der krank lag. Ich nenne ihn hier Herrn Wong, obgleich das nicht sein eigentlicher Name war. Er war ein gelehrter Mann, Doktor der Philosophie, und in ganz China wegen seines Charakters hochgeachtet. Seit langer Zeit war er in christlicher Arbeit tätig gewesen, glaubte aber nicht an die Notwendigkeit der Wiedergeburt, sondern gab sich vielmehr mit den sozialen und moralischen Forderungen des Christentums ab. Während meines Besuches bei Herrn Wong saß sein Hund neben dem Bett. Nachdem wir eine Weile von Gott und seinem Werk in uns geredet hatten, fragte ich nach dem Namen des Hundes. Er sagte mir, der Hund hieße Fido, worauf ich fragte, ob Fido sein Vor- oder Familienname sei.

»Oh, es ist einfach sein Name«, war die Antwort.

»Wenn es sein Vorname ist, kann ich ihn dann ›Fido Wong‹ nennen?« fragte ich weiter.

»Auf keinen Fall«, antwortete er sehr nachdrücklich.

»Aber er lebt doch in Ihrer Familie!« bestand ich. »Ihre beiden Töchter heißen doch gewiß Wong. Warum kann ich ihren Hund nicht Wong nennen?«

Der Doktor lachte, und daraufhin sagte ich: »Merken Sie, worauf ich hinaus will? Ihre Töchter wurden in Ihre Familie hineingeboren und tragen Ihren Namen, weil sie auch Ihr Leben in sich tragen. Ihr Hund mag ein intelligentes, gut erzogenes, außergewöhnliches Tier sein. Aber es geht ja gar nicht um seine Qualitäten, sondern nur um die Frage: Ist er ein Hund? Und wenn ja, dann kann er keinesfalls zu einem Glied in Ihrer Familie zählen. Dasselbe Prinzip gilt in Ihrem Verhältnis zu Gott. Ob Sie ein guter oder böser Mensch sind, spielt keine Rolle. Wenn Sie ein Mensch sind, so zählen Sie zu einer niedrigeren Stufe als Gott und gehören nicht zu seiner Familie. Sie haben Ihr ganzes Leben lang versucht, schlechte Menschen in gute umzuwandeln. Aber der Mensch an sich, ob gut oder schlecht, kann keine Lebensgemeinschaft mit Gott haben. Unsere einzige Hoffnung besteht darin, den Sohn Gottes zu empfangen, damit uns sein Leben zu Gottes Kindern macht.«

Der Doktor erkannte die Wahrheit und wurde noch am selben Tag ein Kind Gottes, als er den Sohn Gottes in sein Herz aufnahm.

Was wir in Christus haben, ist mehr, als Adam verloren hat. Adam blieb immer auf der Stufe des Menschen und besaß nie das Leben aus Gott. Wir aber, die wir den Sohn Gottes aufnehmen, empfangen nicht nur die Vergebung der Sünden, sondern auch das göttliche Leben, das im Garten Eden durch den Baum des Lebens dargestellt war. In der Wiedergeburt erhalten wir, was Adam vorenthalten blieb.

Gott will, daß seine Kinder Miterben der Herrlichkeit mit Christus sein sollen. Wie verwirklicht er dieses Ziel? Wir wenden uns zu Hebräer 2, 10–11: »Denn so ist Gott, um deswillen alle Dinge sind und durch den sie alle sind, daß er den, der da viele Kinder zur Herrlichkeit geführt hat, als den Herzog ihrer Seligkeit durch Leiden vollendete. Denn weil sie alle von *einem* kommen, beide, der da heiligt und die da geheiligt werden, darum schämt er sich auch nicht, sie Brüder zu heißen.«

In dieser Stelle sind zwei Parteien genannt, einmal »viele Kinder« und zum andern »der Herzog ihrer Seligkeit«, oder in anderen Worten »der da heiligt« und »die da geheiligt werden«. Von beiden Parteien ist gesagt, sie kommen alle von einem.

Jesus als Mensch war von Gott gezeugt, und wir, wenngleich auf andere Weise, jedoch ebenso gewiß, haben unser neues Leben ebenfalls von Gott. Er war »von dem Heiligen Geist« (Mt 1, 20), und wir sind »von Gott geboren« (Joh 1, 13), ». . . geboren . . . aus . . . Geist« (Joh 3, 5). Darum sagt Gott, wir kommen alle von einem. Das Wort »von« bezeichnet im Griechischen Ursprung. Der eingeborene Sohn und die vielen Kinder stammen alle von derselben Lebensquelle. Sind wir uns klar darüber, daß wir in diesem Augenblick dasselbe Leben haben, das auch Gott besitzt? Sein himmlisches Leben ist zugleich das Leben, das er in uns hier auf Erden gepflanzt hat. Das ist die kostbare »Gabe Gottes« (Rö 6, 23). Darum allein können wir ein heiliges Leben führen, denn es ist nicht unser eigenes, verändertes Leben, sondern das Leben Gottes, das uns zugeteilt wurde.

Merken wir, wie in diesem Zusammenhang die ganze Frage der Sünde letztlich keinen Platz mehr hat? Die Sünde kam mit Adam. Wenn sie aus dem Wege geschafft ist, und es muß geschehen, sind wir immer erst noch an dem Punkt, an dem Adam war. Aber die Erlösung geht noch viel weiter. Sie gliedert uns wieder in den göttlichen Plan ein, der uns Zugang zum Baum des Lebens gewährt. Sie macht uns zu Teilhabern am Leben Gottes.

8. Der Heilige Geist

Wir sprachen von dem ewigen Plan Gottes als dem Beweggrund und der Erklärung für all sein Handeln mit uns. Ehe wir mit unserer Betrachtung der einzelnen Stufen im christlichen Leben an Hand des Römerbriefs fortfahren, müssen wir noch einen Abstecher machen. Wir müssen von der belebenden Kraft sprechen, die alle unsere Erfahrungen im Herrn ermöglicht und unseren Dienst und unser Leben fruchtbar macht. Ich meine die persönliche Gegenwart und Wirkung des Heiligen Geistes.

Auch hier nehmen wir zwei Stellen aus den beiden großen Teilen des Römerbriefs zum Ausgangspunkt: »Die Liebe Gottes ist ausgegossen in unser Herz durch den Heiligen Geist, welcher uns gegeben ist« (Rö 5, 5). »Wer aber Christi Geist nicht hat, der ist nicht sein« (Rö 8, 9).

Gott gibt seine Gaben nicht wahllos, aber auch nicht in willkürlicher Weise. Sie sind für alle da, aber unter bestimmten, klaren Bedingungen. Gott hat uns wirklich mit »jedem geistlichen Segen in himmlischen Gütern durch Christus« gesegnet (Eph 1, 3). Aber wir müssen wissen, wie uns diese Segnungen in unserer Erfahrung zu eigen werden sollen.

Zum Verständnis der Gabe des Heiligen Geistes ist es eine Hilfe, wenn wir seine Wirkung in zweierlei Art sehen, als den ausgegossenen Geist und den innewohnenden Geist. Ich bin sicher, daß wir diese Unterscheidung treffen dürfen. Wir werden dabei zu dem Schluß kommen, daß das Wirken des Geistes an unserem innern Menschen das Wesentlichere ist, was keineswegs heißen soll, daß die Wirkung nach außen hin unwesentlich ist. Gott gibt seinen Kindern nur gute Gaben. Leider neigen wir dazu, unsere Privilegien ihrer großen Fülle wegen gering zu achten. Die Heiligen des Alten Testaments, die nicht so begünstigt waren wie wir, hätten die Gabe des ausgegossenen Geistes viel besser zu schätzen vermocht. Zu ihrer Zeit waren es nur einige Auserwählte, vornehmlich Priester, Richter, Könige und Propheten, die die Gabe empfingen, wogegen sie nun jedem Gotteskind zuteil wird. Bedenken wir es doch! Wir bedeutungslosen Wesen können denselben Geist empfangen, der auf Moses, dem Freund Gottes, auf David, dem geliebten König, und auf Elia, dem mächtigen Propheten, ruhte! Wir werden damit in die Reihen jener erwählten Diener Gottes des Alten Bundes eingegliedert. Wenn wir einmal erkannt haben, wie kostbar diese Gabe ist und wie sehr wir ihrer bedürfen, so werden wir sofort fragen: Wie kann ich den Heiligen Geist empfangen und mit geistlichen Gaben zu bevollmächtigtem Dienst ausgerüstet werden?

Der ausgegossene Geist

In Apostelgeschichte 2, 32–36 lesen wir:

»(32) Diesen Jesus hat Gott auferweckt; des sind wir alle Zeugen. (33) Nun er durch die Rechte Gottes erhöht ist und empfangen hat den verheißenen Heiligen Geist vom Vater, hat er ausgegossen, was ihr hier sehet und höret. (34) Denn David ist nicht gen Himmel gefahren. Er spricht aber: ›Der Herr hat gesagt zu meinem Herrn: Setze dich zu meiner Rechten, (35) bis daß ich deine Feinde lege zum Schemel deiner Füße.‹ (36) So wisse nun das ganze Haus Israel gewiß, daß Gott diesen Jesus, den ihr gekreuzigt habt, zu einem Herrn und Christus gemacht hat.«

Die Verse 34 und 35 sind ein Zitat aus dem 110. Psalm und stehen gewissermaßen in Klammern. Darum werden wir sie hier beiseite lassen, um den Inhalt der Rede des Petrus voll ermessen zu können. Es wird gesagt, Jesus wurde »erhöht durch die Rechte Gottes«. Daraufhin empfing er »den verheißenen Heiligen Geist vom Vater«. Die Folge war Pfingsten, »was ihr hier sehet und höret«.

Die Erhöhung Jesu zur rechten Hand Gottes also war die Grundlage dafür, daß er den Heiligen Geist empfing, um ihn auf sein Volk auszugießen. Aus dieser Stelle wird ganz deutlich, daß der Heilige Geist nicht auf Grund irgendwelcher Verdienste von uns, sondern allein durch das Verdienst Jesu ausgegossen wird. Was wir sind, spielt überhaupt keine Rolle, sondern nur, was er ist. Er ist verherrlicht, darum wird der Geist ausgegossen.

Weil Jesus am Kreuz starb, erhielt ich Vergebung der Sünden. Weil er von den Toten auferstand, wurde ich von neuem geboren. Weil er zur Rechten des Vaters erhöht wurde, empfing ich den Heiligen Geist. Nirgends ist von unserem Verdienst die Rede. Nicht zum Beweis unseres Ruhmes, sondern des Ruhmes des Sohnes Gottes wurde uns der Heilige Geist verliehen.

Vers 36 beginnt mit einem Wort, das wir nicht übersehen dürfen: »so« oder »darum«. Es bezieht sich normalerweise auf etwas Vorhergegangenes und zieht den Schluß daraus. Hier kann es sich nicht auf die Verse 34 und 35 beziehen, sondern gehört offensichtlich zu Vers 33. Petrus sprach von der Ausgießung des Geistes auf die Jünger und fügte hinzu: »... So (oder ›darum‹) wisse nun das ganze Haus Israel gewiß, daß Gott diesen Jesus, den ihr gekreuzigt habt, zu einem Herrn und Christus gemacht hat.« Mit andern Worten heißt das: »Die Ausgießung des Heiligen Geistes, deren Zeugen ihr geworden seid, beweist, daß Jesus von Nazareth, den ihr gekreuzigt habt, Herr und Christus ist.« Der Heilige Geist wurde auf Erden ausgegossen, um uns zu zeigen, was im Himmel vor sich gegangen war: die Erhöhung Jesu zur rechten Hand Gottes. Die Bedeutung von Pfingsten liegt darin, die Herrschaft Jesu Christi zu beweisen.

Ist es möglich, daß der Herr erhöht ist, und du den Heiligen Geist noch nicht empfangen hast? Um das zu beantworten, kehren wir zu einer anderen Frage zurück. Warum empfingst du Vergebung deiner Sünden? Weil du so ernsthaft betetest oder die Bibel von Anfang bis Ende lasest oder so regelmäßig zur Kirche gingst? War es überhaupt durch irgendeinen deiner Verdienste? Nein, und tausendmal nein! »Ohne Blutvergießen geschieht keine Vergebung« (Hebr 9, 22). Aber da das Blut vergossen wurde, sind deine Sünden vergeben.

Die Gabe des Heiligen Geistes empfangen wir nach dem gleichen Prinzip. Der Herr wurde verherrlicht, darum wurde der Geist auf uns ausgegossen. Wie es undenkbar ist, liebes Gotteskind, daß deine Sünden unvergeben sind, obwohl der Sohn Gottes sein Blut vergoß, so ist es auch undenkbar, daß du den Heiligen Geist noch nicht empfangen hast, obwohl der Sohn Gottes in der Herrlichkeit ist.

Nun mag jemand einwenden, daß er wohl mit dem allen übereinstimme, daß es ihm persönlich aber keine praktische Erfahrung sei. Ist es dann richtig, sich in Selbstzufriedenheit zu wiegen, als habe man alles, wo man doch nur allzu gut weiß, daß man nichts hat? Die Antwort ist, daß wir es nie bei der objektiven Tatsache allein lassen dürfen. Es muß auch die subjektive Erfahrung hinzutreten. Aber diese Erfahrung wird uns nur zuteil, wenn wir uns auf den Boden der göttlichen Tatsachen stellen.

Wie war es mit unserer Rechtfertigung? Sie erfolgte völlig ohne eigenes Zutun, allein dadurch, daß wir es als Tatsache annahmen, daß der Herr alles getan hatte. So auch wird uns die Gabe des Heiligen Geistes zuteil, nicht indem wir selbst etwas dafür tun, sondern indem wir im Glauben annehmen, was der Herr für uns getan hat.

Wenn uns die Erfahrung noch fehlt, so müssen wir Gott bitten, uns die ewige Tatsache zu offenbaren, daß die Geistestaufe ein Geschenk des erhöhten Herrn an seine Kirche ist. Können wir das einmal sehen, so hört unsere Anstrengung auf und Bitte wird zum Lobpreis. Ist uns offenbart worden, was der Herr für die Welt getan hat, so findet unser Bemühen um Sündenvergebung ein Ende. Durch die Offenbarung dessen, was der Herr für seine Kirche getan hat, hören wir auf, uns um die Geistestaufe zu bemühen. Solange wir das Werk Christi nicht erfaßt haben, mühen wir uns ab. Haben wir es aber einmal erkannt, so quillt der Glaube in unserem Herzen auf und wir gelangen durch ihn auch zu persönlicher Erfahrung.

Vor einiger Zeit besuchte ein junger Mann eine Reihe von Versammlungen in Shanghai, in denen ich sprach. Er war erst fünf Wochen vorher Christ geworden und hatte dem Evangelium bis dahin leidenschaftlichen Widerstand entgegengesetzt. Nach einem Abend, an dem wir die obigen Dinge behandelt hatten, kehrte er nach Hause zurück und betete: »Herr, ich bitte dich von Herzen um die Kraft des Heiligen Geistes. Da du nun in der Herrlichkeit bist, gieße deinen Geist auch auf mich aus.« Dann verbesserte er sich aber und sagte: »Aber nein, das ist ja völlig falsch! Herr Jesus, wir sind in einem Lebensbund miteinander, und der Vater hat uns zwei Dinge versprochen: dir die Herrlichkeit und mir den Heiligen Geist. Da du in der Herrlichkeit bist, muß auch ich den Geist empfangen haben. Herr, ich danke dir dafür!« Von diesem Tag an war er sich der Kraft des Geistes in seinem Leben bewußt.

Glaube als der Schlüssel

Wie bei der Sündenvergebung, so hängt auch bei dem Empfang des Geistes alles am Glauben. Wenn wir den Herrn Jesus am Kreuz sehen, so wissen wir, daß unsere Sünden vergeben sind. Sehen wir ihn auf dem Thron, wissen wir, daß der Heilige Geist auf uns ausgegossen wurde. Seine Erhöhung ist die Bedingung, nicht unser Beten, Fasten und Warten. Es ist darum nur irreführend, wenn das Warten auf den Geist betont wird und sogar »Warteversammlungen« gehalten werden, denn die Gabe ist nicht nur für einige Begünstigte, sondern für alle da; sie wird nicht auf Grund dessen, was wir sind, sondern was Christus ist, verliehen, um die Güte und Größe des Herrn zu bezeugen. Christus wurde gekreuzigt, darum wurde uns vergeben; er ging in die Herrlichkeit ein, darum wurden wir mit der Kraft aus der Höhe angetan. Es geschieht alles um seinetwillen.

Nehmen wir an, ein Mensch will gerettet werden. Du erklärst ihm Gottes Heilsplan und betest mit ihm. Daraufhin betet er selbst etwa in diesen Worten: »Herr Jesus, ich glaube, daß du gestorben bist und alle meine Sünden austilgen kannst.

Ich glaube, daß du mir vergeben wirst.« Können wir darauf vertrauen, daß dieser Mensch gerettet und von neuem geboren ist? Ist es nicht vielmehr dann, wenn er dem Herrn dankt, daß er seine Sünden vergeben *hat*, wenn aus der Bitte der Lobpreis wird, weil Gott alles getan hat und das Blut des Lammes bereits vergossen ist, daß wir ihn gerettet wissen dürfen?

In gleicher Weise kannst du jahrelang warten und beten, ohne die Kraft des Geistes zu erfahren; aber wenn du aufhörst zu bitten und dem Herrn statt dessen gläubig dankst, daß du den Geist empfangen hast, weil Jesus verherrlicht ist, dann wirst du erfahren, daß das Problem gelöst ist. Gott sei Dank! Keines seiner Kinder braucht sich um den Geist zu mühen, nicht einmal darauf zu warten. Jesus wird nicht eines Tages der Herr sein. Er ist der Herr. Darum werde ich nicht eines Tages den Geist empfangen. Ich habe ihn empfangen. Immer hängt alles am Glauben, der durch die Offenbarung kommt. Wenn uns die Augen für die Tatsache geöffnet werden, daß der Geist bereits ausgegossen wurde, weil Jesus verherrlicht ist, dann wird aus der Bitte in unserem Herzen Lob und Dank.

Alle geistlichen Segnungen werden unter bestimmten Voraussetzungen gegeben. Gottes Gaben sind zwar umsonst, aber gewisse Bedingungen müssen von unserer Seite aus erfüllt werden, damit wir sie empfangen können. Gottes Wort gibt uns klar die Bedingungen für den Empfang des Heiligen Geistes: »Tut Buße und lasse sich ein jeglicher taufen auf den Namen Jesu Christi zur Vergebung eurer Sünden, so werdet ihr empfangen die Gabe des Heiligen Geistes. Denn euer und euer Kinder ist diese Verheißung und aller, die ferne sind, soviele der Herr, unser Gott, herzurufen wird« (Apg 2, 38–39).

Um vier Dinge geht es in diesem Abschnitt: Buße, Taufe, Vergebung und Heiligen Geist. Die beiden ersten sind die Bedingungen, die beiden letzten die Gaben. Buße und Taufe sind der Schrift nach die Bedingungen, um Vergebung zu erlangen.

Buße bedeutet eine Sinnesänderung. Früher war mir die

Sünde etwas Angenehmes; die Welt hielt ich für verlockend, Christsein für eine armselige Angelegenheit. Nun bin ich über das alles anderer Meinung. Dinge, die mich einst entzückten, stoßen mich nun ab; was mir völlig nutzlos schien, hat jetzt höchsten Wert. Das ist Sinnesänderung, Buße. Kein Leben kann sich wirklich ohne sie ändern.

Die zweite Bedingung, Taufe, ist der sichtbare Ausdruck unseres Glaubens. Wenn ich in meinem Herzen wirklich glaube, daß ich mit Christus gestorben, begraben und auferstanden bin, dann lasse ich mich taufen. Darin bekenne ich öffentlich, was ich persönlich glaube. Taufe ist zur Tat gewordener Glaube.

Haben wir diese zwei Bedingungen erfüllt, so haben wir Vergebung der Sünden und die Gabe des Heiligen Geistes. Du sagst aber, du habest nur die erste Gabe, die Sündenvergebung, empfangen. Mein Freund, Gott bot dir zwei Dinge an. Warum nahmst du nur eines?

Gesetzt den Fall, ich gehe in eine Buchhandlung, um ein zweibändiges Werk zu kaufen. Nachdem ich den entsprechenden Betrag entrichtet habe, lasse ich versehentlich einen Band auf dem Ladentisch liegen und gehe nach Hause. Dort bemerke ich meinen Irrtum. Was rätst du mir zu tun? Natürlich muß ich zum Laden zurück, um das vergessene Buch zu holen, aber ich werde nicht daran denken, noch einmal dafür zu bezahlen. Ich muß dem Buchhändler einfach erklären, daß ich ordnungsgemäß für beide Bände bezahlt habe, und ihn bitten, mir das fehlende Buch zu geben. Und ich werde daraufhin ohne weitere Schwierigkeiten den Laden mit meinem Besitz unter dem Arm verlassen. Nichts scheint natürlicher als das.

Du bist aber in dieser Situation! Wenn du die Bedingungen erfüllt hast, bist du zu beiden Gaben berechtigt, nicht nur zu einer. Die eine hast du bereits genommen. Warum willst du nicht jetzt zum Herrn kommen und ihm sagen: »Herr, ich habe deine Bedingungen zum Empfang der Sündenvergebung und des Heiligen Geistes erfüllt, aber ich habe törichterweise nur eine Gabe angenommen. Nun bin ich wieder hier, um den Heiligen Geist zu erhalten, und ich danke dir dafür.«

Die Vielfalt der Erlebnisse

»Wie soll ich wissen, daß der Heilige Geist auf mich gekommen ist?« fragst du. Wie du es wissen wirst, kann ich nicht sagen. Aber du wirst es wissen. Über die persönlichen Gefühle und Empfindungen der Jünger an Pfingsten wurde uns keine genaue Beschreibung gegeben. Wir wissen nur, daß ihre Gefühle und ihr Verhalten aus dem gewöhnlichen Rahmen fielen, denn manche Leute, die sie sahen, hielten sie für betrunken. Wenn der Heilige Geist auf Gottes Kinder fällt, wird es immer Erscheinungen geben, mit denen die Welt nichts anzufangen weiß. Irgendwie wird sich das Übernatürliche bemerkbar machen, wenn auch nur in dem überwältigenden Gefühl der göttlichen Gegenwart. Wir können und dürfen die äußere Form dieser Erscheinung nicht vorschreiben; eines ist allenfalls klar: Auf wen der Geist Gottes fällt, der wird es wissen.

Als der Heilige Geist an Pfingsten auf die Jünger fiel, gab Petrus für das Ungewöhnliche ihres Verhaltens eine Erklärung aus der Schrift. Im wesentlichen sagte er folgendes: »Wenn der Heilige Geist auf die Gläubigen fällt, so werden manche weissagen, andere Träume haben und andere Gesichte sehen. So hat es Gott durch den Propheten Joel kundgetan.« War Petrus unter denen, die weissagten? Wohl kaum in der Art, in der es Joel beschrieb. Auch ist uns nicht gesagt, daß die Hundertundzwanzig weissagten oder Visionen oder Träume hatten. Sie waren ja alle wach. Wie konnte Petrus dann auf eine Stelle des Alten Testaments Bezug nehmen, die den Gegebenheiten so gut wie nicht entsprach? In Joel 3, 1 wird gesagt, daß Weissagung, Träume und Gesichte der Ausgießung des Heiligen Geistes beigeordnet sein sollen. Aber diese Merkmale waren an Pfingsten allem Anschein nach nicht vorhanden.

Andererseits sagt Joels Prophetie kein Wort von einem »Brausen vom Himmel wie eines gewaltigen Windes« noch von »Zungen, zerteilt wie von Feuer«. Dies aber waren die Zeichen bei den Jüngern an Pfingsten. Und wo finden wir bei Joel das Reden in anderen Zungen? Dennoch wurde es den Jüngern gegeben. Beweist Petrus hier nicht das Gegenteil dessen, was er sagen will?

Bedenken wir, daß Petrus selbst unter der Leitung des Heiligen Geistes sprach. Die Apostelgeschichte wurde vom Geist inspiriert, es steht also kein Wort ohne Grund da. Es gibt keine Unvereinbarkeit, sondern nur Übereinstimmung. Wenn wir die Worte des Petrus genau ansehen, so merken wir, daß er nicht sagte: »Was ihr hier seht und hört, ist die Erfüllung der Verheißung, die durch Joel gegeben ist«, sondern er sagte: »Das ist's, was durch den Propheten Joel zuvor gesagt ist« (Apg 2, 16). Das Erlebnis der Jünger und die Beschreibung von Joel legen von dem gleichen Geschehen Zeugnis ab. Bei der Erfüllung einer Verheißung entspricht das Vorausgesagte genau dem Erlebnis. Weissagung ist Weissagung, Träume sind Träume und Visionen sind Visionen. Petrus aber will zeigen, daß ihr Erlebnis und Joels Prophetie in die gleiche Kategorie gehören.

Der Heilige Geist macht uns so durch Petrus die Vielfalt des Erlebnisses deutlich. Die äußeren Anzeichen für die Ausgießung des Geistes mögen mannigfaltig und gelegentlich seltsam sein, aber er ist *ein* Geist, und er ist Herr (vgl. 1 Kor 12, 4—6).

Lassen wir R. A. Torrey berichten, was er erlebte, als der Heilige Geist auf ihn kam, nachdem er schon jahrelang als Pfarrer tätig gewesen war:

> »Ich erinnere mich an den genauen Ort, an dem ich in meinem Studierzimmer zum Gebet niedergekniet war. Es war eine große Stille um mich, wie ich sie ganz selten empfand ... Da sprach Gott ganz einfach, nicht hörbar, aber in meinem Herzen: ›Es ist dein. Nun geh und predige!‹ Er hatte es mir schon vorher in seinem Wort durch 1 Joh 5, 14—15 gesagt, aber damals kannte ich meine Bibel noch nicht, wie ich sie heute kenne, und Gott erbarmte sich meiner Unwissenheit und sprach direkt zu meinem Herzen ... Ich ging

hin und predigte und war von da an ein neuer Diener am Wort. Einige Zeit nach diesem Erlebnis – genau wie lange danach, ist mir entfallen –, während ich in meinem Zimmer saß ... brach ich plötzlich in lautes Rufen aus (ich war durchaus nicht dazu erzogen worden und bin auch nicht dazu veranlagt, aber ich rief wie der lauteste Methodist): ›Ehre sei Gott, Ehre sei Gott!‹ und konnte nicht aufhören. Aber es war nicht damals, daß ich die Taufe des Geistes empfing, sondern als ich ihn in schlichtem Glauben an Gottes Wort annahm.«[1]

Torreys Erlebnis war äußerlich nicht das von Joel und Petrus, aber auch hier gilt: »das ist's, was zuvor gesagt ist ...« Es ist kein Faksimile, aber doch das gleiche.

D. L. Moody beschreibt sein Erlebnis der Geistestaufe im folgenden:

»Ich schrie ständig zu Gott, daß er mich mit seinem Geist erfüllen sollte. Eines Tages in New York geschah es. Was war es für ein Tag! Ich kann es nicht beschreiben und spreche nur selten darüber. Das Erlebnis ist fast zu heilig, um in den Mund genommen zu werden. Paulus hatte ein Erlebnis, über das er vierzehn Jahre lang nicht sprach. Alles, was ich sagen kann, ist, daß sich Gott mir offenbarte, und ich war von seiner Liebe so überwältigt, daß ich ihn bitten mußte, es genug sein zu lassen. Ich fuhr fort zu predigen. Die Predigten waren nicht anders als zuvor; ich verkündigte keine neuen Wahrheiten, und doch bekehrten sich Hunderte. Ich wollte nicht wieder zu dem Punkt zurück, an dem ich vor jenem Erlebnis stand, und wenn man mir die ganze Welt anböte. Sie wöge wie ein Staubkorn auf der Waage.«[2]

Wieder stimmen die äußeren Begleiterscheinungen in Moodys Erlebnis weder mit denen Joels noch Petrus' noch Torreys

---

[1] Aus *the holy spirit, who he is and what he does* von R. A. Torrey, D. D., S. 198–199.

[2] Aus the *life of Dwight l. moody* von seinem Sohn, W. R. Moody, S. 149.

überein. Aber wer wollte bezweifeln, daß Moody das erlebte, was auch an Pfingsten geschah?

Zum Schluß noch den Bericht des großen Charles Finney: »Ich empfing eine gewaltige Geistestaufe, ohne sie im entferntesten zu erwarten, ohne überhaupt je daran gedacht zu haben, daß es so etwas für mich gäbe oder davon gehört zu haben. Der Heilige Geist kam auf mich herab, daß es mir durch Leib und Seele zu gehen schien. Keine Worte können die wunderbare Liebe beschreiben, die Gott in mein Herz ausgoß. Ich weinte laut vor Freude und Liebe.«*

Finneys Erfahrung war nicht identisch mit Pfingsten. Sie war anders als die von Torrey und Moody, aber auch hier gilt wieder ganz gewiß: ». . . das ist's, was zuvor . . . gesagt ist.«

Wenn der Heilige Geist auf Gottes Volk ausgegossen wird, so werden die einzelnen Erfahrungen weit voneinander abweichen. Die einen bekommen eine neue innere Ausrichtung, andere erfahren eine neue Freiheit im Gewinnen anderer für den Herrn, andere verkündigen das Wort Gottes mit Vollmacht und andere werden mit himmlischer Freude und überströmendem Lobpreis erfüllt. Und alles gehört zu dem einen Ereignis. Wollen wir dem Herrn für jedes Erlebnis danken, das wahrhaftig von der Erhöhung Christi Zeugnis gibt! Es besteht kein Schema für Gottes Handeln. Darum dürfen wir durch unsere vorgefaßten Meinungen keinen luftdichten Raum für den Heiligen Geist abgrenzen, in dem wir sein Wirken in unserem und im Leben anderer erwarten. Das gilt denen, die besondere Zeichen (etwa das Zungenreden) als Beweis der Ausgießung fordern, auch denen, die jedes Anzeichen verneinen. Wir müssen es Gott überlassen, zu wirken, wie er will und die Zeichen seines Wirkens zu geben, die er will. Er ist der Herr, und wir haben ihm nichts vorzuschreiben.

Jesus ist auf dem Thron, und sein Geist ist über uns alle ausgegossen worden. Wollen wir ihn jubelnd dafür preisen und die Tatsache in schlichtem Glauben annehmen. Dann wird sie auch uns zu solch persönlicher Gewißheit werden, daß wir

* Aus *autobiographie of charles e. finney*, Kap. 2.

in aller Zuversicht zu bezeugen wagen: »Das ist's, was zuvor gesagt ist.«

Der Geist in uns

Der »innewohnende Geist«, den wir als die andere Form der Gabe bezeichneten, stellt in besonderer Weise das Thema von Römer 8 dar. »Ihr aber seid nicht fleischlich, sondern geistlich, wenn anders Gottes Geist in euch wohnt« (Rö 8, 9). »Wenn nun der Geist des, der Jesus von den Toten auferweckt hat, in euch wohnt ...« (Rö 8, 11).

Auch hier gilt das gleiche wie bei dem ausgegossenen Geist. Wenn wir persönlich erfahren wollen, was bereits unser ist, brauchen wir zuerst göttliche Offenbarung.

Indem wir Jesus objektiv als Herrn auf dem himmlischen Thron erkennen, erfahren wir, daß die Kraft des Geistes auf uns ruht. Indem wir ihn subjektiv als Herrn über unser persönliches Leben sehen, spüren wir die Kraft des Geistes in uns.

Eine solche Offenbarung war es, die Paulus als Heilmittel für die ungeistliche Art der Gemeinde in Korinth verschrieb. Dabei ist wichtig zu wissen, daß die Christen von Korinth sehr viel Gewicht auf die sichtbaren Zeichen des Heiligen Geistes, wie Zungenreden und Wunder, legten, während ihr Leben gleichzeitig voller Widersprüche und eine Schande für den Namen des Herrn war. Zwar hatten sie den Heiligen Geist ganz offensichtlich empfangen, blieben aber doch geistlich unreif. Das Heilmittel, das ihnen Gott anbot, ist dasselbe, welches er auch für seine mit den gleichen Schwächen beladenen Kirche von heute bereit hat.

In seinem Brief an die Korinther schreibt Paulus: »Wisset ihr nicht, daß ihr Gottes Tempel seid und der Geist Gottes in euch wohnt?« (1 Kor 3, 16). Für die Epheser bittet er um erleuchtete Augen des Verständnisses, »daß ihr erkennen möget ...« (Eph 1, 18). Damals wie heute war es die Erkenntnis der göttlichen Wahrheiten, welche die Christen nötig hatten. Wir brauchen »erleuchtete Augen des Verständnisses« (Eph 1, 18), um zu erkennen, daß Gott selbst durch den Heiligen Geist in unseren Herzen Wohnung genommen hat. Gott und Christus sind in der Person des Heiligen Geistes gegenwärtig. Wenn der Heilige Geist in unseren Herzen wohnt, so wohnen der Vater und der Sohn bei uns. Das ist keine bloße Theorie oder Lehre, sondern herrliche Wirklichkeit. Wir mögen vielleicht erkannt haben, daß der Geist in unsern Herzen ist. Aber haben wir ihn als Person erkannt? Haben wir begriffen, daß wir im Heiligen Geist den lebendigen Gott in uns wohnen haben?

Für viele Christen ist der Heilige Geist etwas sehr Unwirkliches. Sie betrachten ihn als einen Einfluß – einen Einfluß zum Guten, gewiß – aber immerhin nur als Einfluß. Ihr Gewissen und der Heilige Geist sind für sie mehr oder weniger identisch als jenes etwas, das sie zurechtweist, wenn sie etwas Böses tun, und das sie lehrt, gut zu sein. Das Problem für die Christen in Korinth war nicht, daß ihnen der Heilige Geist fehlte, sondern daß sie nichts von seiner Gegenwart wußten. Sie erkannten die Größe dessen nicht, der in ihren Herzen Wohnung genommen hatte. Darum schrieb ihnen Paulus: »Wisset ihr nicht, daß ihr Gottes Tempel seid und der Geist Gottes in euch wohnt?« Das war das Heilmittel für sie: zu wissen, wer es wirklich war, der in ihnen wohnte.

Der Schatz im irdenen Gefäß

Wißt ihr es, meine Freunde, daß der Geist in euch der wahrhaftige Gott ist? Daß doch unsre Augen geöffnet würden und wir die Größe der Gabe Gottes erkennten! Daß wir die unermeßlichen Möglichkeiten sähen, deren wir teilhaftig wurden! Ich möchte bei dem Gedanken jauchzen: der Geist in mir ist eine lebendige Person. Er ist Gott. Der ewige Gott ist in meinem Herzen! Ich weiß nicht, wie ich die Herrlichkeit dieser Entdeckung mitteilen soll. Ich kann nur immer wieder sagen: Er ist eine Person! O meine Freunde, ich möchte es am liebsten hundertmal wiederholen: Der Geist Gottes in mir ist eine Person! Ich selbst bin nur ein irdenes Gefäß, aber ich berge einen Schatz von unsagbarem Wert: den Herrn der Herrlichkeit.

Alles kleinliche Sorgen und Grämen der Kinder Gottes würde aufhören, wenn ihre Augen geöffnet würden und sie die Herrlichkeit des Schatzes sähen, der in ihren Herzen verborgen ist. Wir haben die Kraft in uns, jeden Umstand unseres Lebens zu meistern. Wir besitzen die Macht, die Stadt, in der wir leben, ja das Weltall zu erschüttern. Ich muß es noch einmal und mit größter Ehrfurcht sagen: Ihr, die ihr vom Heiligen Geist von neuem geboren seid, ihr tragt Gott in eurem Herzen.

Alle Leichtfertigkeit der Kinder Gottes würde aufhören, wenn sie den großen Schatz in sich erkennten. Wer nur zehn Schillinge in der Tasche hat, kann unbekümmert die Straße entlangschlendern, plaudern und seinen Spazierstock schlenkern. Verliert er sein Geld, so ist nicht viel verloren. Wer aber tausend Pfund bei sich trägt, ist in ganz anderer Lage und wird sich anders verhalten. Er wird voller Freude sein, aber nicht leichtfertig dahinschlendern. Hin und wieder wird er seinen Schritt verlangsamen und mit der Hand in der Tasche nach dem Schatz fühlen und dann in freudigem Ernst den Weg fortsetzen.

Haben wir begriffen, was bei unserer Bekehrung geschah? Gott kam in unser Herz und machte es zu seinem Tempel. In den Tagen des Alten Testaments wohnte Gott in einem steinernen Tempel; nun aber wohnt er in einem Tempel, der aus seinen Gläubigen besteht. Was für eine tiefe Ehrfurcht muß über unser Leben kommen, wenn wir wirklich erkennen, daß Gott unsere Herzen zu seiner Wohnung gemacht hat! Alles Leichte und Oberflächliche, alle Selbstgefälligkeit hören auf, wenn wir wissen, daß wir Gottes Tempel sind und der Geist Gottes in uns wohnt. Ist es uns wirklich aufgegangen, daß wir bei jedem Schritt den Heiligen Geist Gottes in uns tragen? Nicht nur sein Wort, nicht nur viel gutes Wissen über Gott, ihn selbst tragen wir.

Der Grund dafür, daß viele Christen die Kraft des Geistes nicht erfahren, ist ihr Mangel an Ehrfurcht. Dieser Mangel besteht, weil ihnen die Augen für die Tatsache der Gegenwart

Gottes nicht geöffnet wurden. Die Tatsache besteht, aber sie haben sie nicht wahrgenommen. Wie kommt es, daß manche Christen ein siegreiches Leben führen, während andere von einer Niederlage in die andere fallen? Der Unterschied liegt nicht darin, daß Gottes Geist gegenwärtig oder nicht gegenwärtig ist, denn er wohnt ja im Herzen eines jeden Gotteskindes, sondern darin, daß die einen von Gottes Wohnung in sich wissen und die anderen nicht. Eine echte Offenbarung der Tatsache, daß der Geist in uns wohnt, wirkt revolutionierend in jedem Christenleben.

Die absolute Herrschaft Jesu Christi

»Wisset ihr nicht, daß euer Leib ein Tempel des Heiligen Geistes ist, der in euch ist, welchen ihr habt von Gott, und seid nicht euer eigen? Denn ihr seid teuer erkauft; darum so preiset Gott an eurem Leibe« (1 Kor 6, 19–20).

Dieser Vers bringt uns einen Schritt weiter. Wenn wir die Entdeckung gemacht haben, daß wir Gottes Wohnung sind, so muß darauf eine völlige Lebensübergabe erfolgen. Wir erkennen, daß wir uns als Gottes Tempel nicht selbst gehören. Die Lebensübergabe folgt auf Gottes Offenbarung. Siegreiche Gotteskinder erkennen, daß sie göttliches Eigentum geworden sind, während es Zeichen der kraftlosen, besiegten Christen ist, daß sie sich noch selbst gehören.

Der erste Schritt zur Heiligkeit ist Offenbarung, der zweite ist die Lebensübergabe.

Wir müssen in unserem Leben genau wie bei unserer Bekehrung an einen Punkt kommen, an dem wir alle Rechte über uns selbst aufgeben und uns der absoluten Herrschaft Jesu Christi unterwerfen. Wir mögen dabei vor einer ganz praktischen Frage stehen, die Gott aufwirft, um die Echtheit unserer Hingabe zu prüfen, aber in jedem Fall muß der Tag kommen, wenn wir ihm vorbehaltlos alles übergeben — uns selbst, unsere Familie, unsern Besitz, unsere Arbeit und unsere Zeit. Alles, was wir haben, stellen wir völlig zu seiner Verfügung. Von da an sind wir nicht mehr Herr über uns selbst, sondern

Verwalter. Solange die Frage der Herrschaft Jesu Christi über uns in unseren Herzen nicht entschieden ist, kann der Geist nicht frei in uns wirken. Wenn wir ihm nicht die absolute Herrschaft über uns einräumen, so kann er wohl gegenwärtig aber nicht vollmächtig sein. Die Kraft des Geistes ist gehindert.

Lebst du für den Herrn oder dir selbst? Vielleicht ist diese Frage zu allgemein gestellt, und ich muß fragen: Gibt es etwas in deinem Leben, das Gott will, und du enthältst es ihm vor? Gibt es eine Streitfrage zwischen dir und ihm? Nicht eher, bis jeder Punkt geklärt ist und der Geist freie Bahn hat, kann er das Leben Christi in dem Herzen eines Gläubigen Gestalt werden lassen.

Ein amerikanischer Freund, der jetzt beim Herrn ist, und den wir hier Herrn Paul nennen wollen, hatte von früher Jugend an den Wunschtraum, daß man ihn eines Tages »Dr. Paul« ansprechen würde. Schon als kleiner Junge träumte er davon, an der Universität studieren zu dürfen, um nacheinander alle Grade bis zum Dr. phil. zu erwerben. Einmal würde dann der Tag kommen, wo er öffentlich als Dr. Paul gelten würde.

Er kam zum Glauben, und der Herr berief ihn als Prediger. In kurzer Zeit wurde er Pfarrer einer großen Gemeinde. Nebenbei arbeitete er immer noch an seiner Dissertation, aber trotz guter Fortschritte darin und beträchtlichem Erfolg in seinem Wirken als Pfarrer war er ein unbefriedigter Mensch. Er war wohl Christ, aber sein Leben war nicht christusähnlich; Gottes Geist war in ihm, aber er wußte nichts von der Freude des Heiligen Geistes oder seiner Vollmacht. Bei sich dachte er: »Als Prediger des Evangeliums und Pfarrer einer Gemeinde sage ich meinen Leuten, daß sie das Wort Gottes lieben sollen, aber in Wirklichkeit liebe ich es selbst nicht. Ich ermahne sie zum Gebet und fühle selbst nur geringe Neigung dazu. Ich fordere sie zu einem heiligen Leben auf, aber mein eigenes Leben ist nicht heilig. Ich warne sie davor, die Welt zu lieben, aber obwohl ich sie äußerlich von mir weise, liebe ich sie in meinem Herzen.« In dieser Not rief er zum Herrn und bat darum, die Macht des Geistes in sich erfahren zu dürfen. Aber obgleich er monatelang darum betete, erhielt er keine Antwort. Dann fastete er und flehte den Herrn an, ihm zu zeigen, ob es in seinem Leben ein Hindernis gebe. Die Antwort ließ nicht lange auf sich warten: »Mich verlangt danach, dich die Macht meines Geistes erfahren zu lassen, aber dein Herz hängt an einem Wunsch, den du nach meinem Willen nicht erfüllt haben sollst. Du hast mir alles übergeben bis auf dieses eine, das du für dich zurückhältst: deinen Doktorgrad.«

Uns mag es nun sehr unwesentlich scheinen, ob wir als Herr Paul oder Dr. Paul angeredet werden, aber ihm war es sein ein und alles. Er hatte es sich von Kind auf gewünscht und seine ganze Jugendzeit dafür gearbeitet, und nun war dieses über alles ersehnte Ziel so gut wie in seinen Händen. Binnen zwei Monaten würde es erreicht sein.

Er begann, mit dem Herrn zu debattieren: »Ist es denn etwas Schlechtes für mich, den Dr. phil. zu haben? Bringt es deinem Namen nicht mehr Ehre, wenn ich mit diesem Titel dein Wort verkündige?« Aber Gott ändert seinen Standpunkt nicht, und alle Argumente, die Herr Paul vorbrachte, blieben ohne Wirkung. Sooft er über die Angelegenheit betete, erhielt er die gleiche Antwort. Darauf versuchte er, mit dem Herrn zu verhandeln. Er versprach, hier- oder dorthin zu gehen, dieses oder jenes zu tun, wenn ihm der Herr nur seinen Doktorgrad gewähren wollte. Aber immer blieb der Herr unbeweglich. Während der ganzen Zeit wurde Herrn Pauls Verlangen nach der Fülle des Geistes immer stärker. Dies ging so fort, bis er zwei Tage vor seinem Doktorexamen stand. Es war ein Sonnabend, und er schickte sich an, seine Predigt für den Sonntag auszuarbeiten, aber wie sehr er sich auch mühte, er brachte keine Botschaft zustande. Der Wunschtraum seines Lebens stand vor der unmittelbaren Verwirklichung, aber Gott machte es ganz klar, daß er zwischen der Macht eines Doktortitels und der Vollmacht des Heiligen Geistes in seinem Leben wählen mußte. Am Abend dieses Tages gab er nach.

»Herr«, sagte er, »ich bin einverstanden, mein Leben lang ›Herr Paul‹ zu heißen, aber ich will die Kraft deines Geistes in meinem Leben erfahren.«

Er stand von seinen Knien auf und schrieb einen Brief an die Prüfungskommission, in dem er seinen Rücktritt von der Prüfung erklärte und den Grund angab. Dann legte er sich zur Ruhe, sehr froh, aber ohne sich irgendeines Erlebnisses bewußt zu sein. Am nächsten Morgen sagte er seiner versammelten Gemeinde, daß er zum ersten Mal in sechs Jahren keine Predigt bereit hätte und berichtete, was ihm am Tag vorher geschehen war. Der Herr segnete dieses Zeugnis mehr als alle gut vorbereiteten Predigten und legte von da an seine Hand in völlig neuer Weise auf ihn. Von diesem Tag an erkannte er als tiefe, innere Wahrheit, was es hieß, nicht von der Welt zu sein und erfuhr in seinem täglichen Leben und Wirken die wunderbare Gegenwart und Vollmacht des Heiligen Geistes.

Gott wartet darauf, daß wir in jedem Punkt mit ihm einig werden. Im allgemeinen hängt unsere völlige Hingabe an irgendeiner besonderen Angelegenheit, und darauf legt Gott den Finger. Auch die muß ihm übergeben werden, denn er muß uns ganz haben. Es beeindruckte mich tief, als ich in der Selbstbiographie eines großen Staatsmannes las: »Für mich will ich nichts. Ich will alles für mein Land.« Wenn ein Mensch bereit sein kann, sein Alles für sein Land zu geben, sollten wir da nicht zu Gott sagen können: »Herr, für mich will ich nichts; ich will alles für dich. Ich will nichts, was du nicht willst?« Wir müssen den Platz des Knechtes einnehmen, damit er seinen Platz als Herr hat. Er verlangt nicht, daß wir uns seiner Sache weihen. Er will, daß wir uns selbst seinem Willen hingeben. Bist du bereit für alles, was er will?

Ein Freund von mir hatte sich vor seiner Bekehrung in ein Mädchen verliebt, das er danach natürlich ebenfalls zum Herrn zu führen suchte. Sie wollte aber nichts von geistlichen Dingen wissen. Der Herr zeigte meinem Freund, daß er seine Beziehung zu ihr abbrechen müsse, aber er war ihr tief ergeben und wich der Frage aus, während er stets weiter dem Herrn diente und Menschen zum Glauben führte. Als sein Verlangen nach Heiligung stark wurde, begannen dunkle Tage für ihn. Er bat um die Fülle des Geistes, damit er die Kraft zu einem heiligen Leben hätte, aber der Herr schien seine Bitte einfach zu überhören. Eines Morgens predigte er in einer anderen Stadt über Psalm 73, 25: »Wenn ich nur dich habe, so frage ich nichts nach Himmel und Erde.« Nach seiner Heimkehr besuchte er eine Gebetsgemeinschaft, in der eine Teilnehmerin den gleichen Vers vorlas, ohne zu wissen, daß er am Morgen darüber gepredigt hatte. Sie richtete die Frage an die Versammlung: »Können wir wirklich von uns sagen: ›Wenn ich nur dich habe, so frage ich nichts‹?« In ihren Worten war Vollmacht. Sie trafen sein Herz, und er mußte sich eingestehen, daß er nicht sagen könne, daß er außer seinem Herrn niemand im Himmel und auf Erden begehre. Nun erkannte er, daß alles an seiner Bereitschaft hing, das Mädchen, das er liebte, aufzugeben. – Das wäre vielleicht für manche von uns kein allzu schwerer Schritt gewesen, für ihn bedeutete er alles. Er begann, mit dem Herrn zu handeln: »Herr, ich bin bereit, nach Tibet zu gehen und für dich zu arbeiten, wenn ich das Mädchen heiraten darf.« Aber dem Herrn schien viel mehr an seiner Beziehung zu dem Mädchen als an seiner Ausreise nach Tibet zu liegen. Er konnte sagen, was er wollte, der Herr gab die gleiche Antwort. Das ging so mehrere Monate. Wenn der junge Mann um Geistesfülle bat, wies der Herr immer wieder auf denselben Punkt. Aber dann kam der Tag, an dem der Herr den Sieg behielt. Mein Freund sah zu ihm auf und sagte: »Herr, jetzt ist es soweit: Wenn ich nur dich habe, so frage ich nichts nach Himmel und Erde.« Das war der Anfang eines neuen Lebens für ihn.

Ein Sünder, dem vergeben wurde, ist etwas ganz anderes als ein gewöhnlicher Sünder; und ein Christ, der sein Leben dem Herrn geweiht hat, ist etwas ganz anderes als ein gewöhnlicher Christ. Möge uns der Herr ganz bewußt vor die Frage seiner absoluten Herrschaft über unser Leben stellen!

Wenn wir uns ihm ganz ergeben und die Kraft seines Geistes für uns in Anspruch nehmen, so brauchen wir nicht auf besondere Gefühle oder übernatürliche Zeichen zu warten, sondern dürfen aufschauen und ihm gläubig dafür danken, daß die Herrlichkeit Gottes seinen Tempel erfüllt.

»Wisset ihr nicht, daß ihr Gottes Tempel seid und der Geist Gottes in euch wohnt?«

»Wisset ihr nicht, daß euer Leib ein Tempel des Heiligen Geistes ist, der in euch ist, welchen ihr habt von Gott?«

9. Die Bedeutung von Römer 7 im Christenleben

Wir kehren nun zu unserem Studium des Römerbriefs zurück, das wir kurze Zeit unterbrachen, um zwei daraus erwachsenden Themen nachzugehen, nämlich dem göttlichen Ziel mit uns und dem Heiligen Geist, der uns an dieses Ziel bringt.

Nun kommen wir zu Kapitel 7, einem Kapitel, das häufig als beinahe überflüssig empfunden wird. Vielleicht wäre es in der Tat überflüssig, wenn die Christen völlig erkennen würden, daß die alte Kreatur durch das Kreuz Christi abgetan wurde und daß eine völlig neue Schöpfung durch seine Auferstehung entstanden ist. Wenn wir wirklich dahin kommen, daß wir wissen, uns »dafür halten«, und schließlich uns hingeben, dann vielleicht brauchen wir Römer 7 nicht mehr.

Andere waren der Meinung, daß das Kapitel an falscher Stelle stehe, und sähen es lieber zwischen dem fünften und sechsten Kapitel. Nach Kapitel sechs ist alles so vollendet, so eindeutig. Und darauf dann dieser Zusammenbruch mit dem Aufschrei »ich elender Mensch!« So ein Abstieg nach dieser Höhe! Daher kommt dann die Behauptung, Paulus spreche hier von der Zeit vor seiner Bekehrung. Wir müssen wohl zugeben, daß manches von dem, was er beschreibt, nicht das eigentlich christliche Erleben darstellt, aber nichtsdestoweniger machen viele Christen diese Erfahrungen.

Was will uns dieses Kapitel denn lehren?

Römer 6 handelt von der Freiheit von der Sünde, Römer 7 von der Freiheit vom Gesetz. Wir erfahren, daß es keine völlige Befreiung von der Sünde für uns gibt, solange wir nicht auch der Herrschaft des Gesetzes entzogen sind. Worin besteht der Unterschied? Warum brauchen wir auch Befreiung vom Gesetz?

Um diese Fragen zu beantworten, müssen wir Wesen und Wirkung des Gesetzes verstehen.

Unser Versagen im Fleisch

Das Neue, das uns in Römer 7 gesagt wird, ist, daß wir »im Fleisch« sind (Rö 7, 5) und daß »in mir, das ist in meinem Fleische, wohnt nichts Gutes« (7, 18). Diese Tatsache reicht weit über das hinaus, was wir von der Sünde sagten, weil es hier auch um die Frage geht, wie wir Gott gefallen – also nicht nur, wie wir mit ihm versöhnt werden – und auch in diesem Bereich erfahren wir, daß wir völlig unfähig sind. »Die aber fleischlich sind, können Gott nicht gefallen« (Rö 8, 8). Zu dieser Entdeckung kommen wir mit Hilfe des Gesetzes.

Wir versuchen nun, kurz wiederzugeben, was die Erfahrung wahrscheinlich sehr vieler Christen ist. Obwohl ein Mensch wirklich wiedergeboren ist, kann er doch noch an die Sünde gebunden sein. Er muß nicht notwendigerweise ständig unter der Herrschaft der Sünde stehen, aber es kann besondere Sünden geben, die ihn ständig behindern, so daß er sie wieder und wieder begeht. Eines Tages dann hört er das volle Evangelium, daß Jesus nicht nur starb, um uns von unserer Sünde zu reinigen, sondern daß er auch uns Sünder in seinen Tod mit einschloß. Dem Menschen werden die Augen geöffnet, und er erkennt, daß er mit Jesus gekreuzigt ist. Auf die Offenbarung folgen die beiden Schritte: Er hält sich selbst für gestorben und mit dem Herrn auferstanden; er erkennt Gottes Anspruch an sein Leben und übergibt sich Gott als von den Toten auferstanden, als einer, der kein Recht mehr über sich hat. Dies ist der Anfang eines echten Christenlebens.

Aber dann beginnt er zu überlegen: »Ich bin mit Christus gestorben und auferstanden, und ich habe mich ihm für immer übergeben; nun muß ich auch etwas für ihn tun, da er so viel für mich getan hat. Ich möchte ihm gefallen und seinen Willen tun!« Bald nach dem Schritt der Lebensübergabe sucht er den Willen Gottes zu erfahren und schickt sich an zu gehorchen. Da macht er eine seltsame Entdeckung: Er dachte zwar, er könne mit Freuden Gottes Willen erfüllen, aber er merkt allmählich, daß er durchaus nicht immer von Herzen dabei ist. Zuweilen empfindet er eine ausgesprochene Abneigung, Gottes Willen zu tun, und oft bringt er es überhaupt nicht zuwege. Dann beginnt er sein Erlebnis in Frage zu stellen: »Erkannte ich ihn wirklich? Ja! Halte ich mich wirklich für gestorben? Ja! Habe ich mich ihm wirklich übergeben? Ja! Habe ich meine Übergabe widerrufen? Nein! Was ist nur mit mir?« Je mehr sich der Mensch müht, Gottes Willen zu tun, desto häufiger versagt er. Zuletzt kommt er zu dem Schluß, daß er Gottes Willen überhaupt nie gerne erfüllte, und er bittet darum, daß Gott ihm das Verlangen und die Kraft gebe, seinen Willen zu tun. Er bekennt seinen Ungehorsam und verspricht, immer zu gehorchen. Kaum hat er sich von den Knien erhoben, als er schon wieder versagt; ehe er zu einem Sieg gelangen kann, weiß er schon wieder von einer Niederlage. Daraufhin sagt er sich: »Vielleicht war mein Entschluß nicht stark genug. Diesmal will ich ihn von ganzem Herzen fassen.« So ruft er seine ganze Willenskraft auf, nur um bei nächster Gelegenheit eine größere Niederlage denn je zuvor zu erfahren. Und schließlich ist er an dem Punkt, wo er mit Paulus spricht: »Denn ich weiß, daß in mir, das ist in meinem Fleische, wohnt nichts Gutes. Wollen habe ich wohl, aber Vollbringen das Gute finde ich nicht. Denn das Gute, das ich will, das tue ich nicht; sondern das Böse, das ich nicht will, das tue ich« (Rö 7, 18–19).

Viele Christen, die sich plötzlich in die Situation von Römer 7 geworfen sehen, verstehen nicht, was ihnen geschieht. Nachdem sie Römer 6 erfaßt hatten, glaubten sie, jeder Niederlage enthoben zu sein, und nun finden sie sich in diesem Zwiespalt! Wie ist es zu erklären?

Zuerst müssen wir herausstellen, daß der Tod mit Christus, der in Römer 6 beschrieben ist, alle unsere Probleme völlig löst. Was uns noch fehlt, ist eine volle Erklärung der Tragweite dieses Todes. Römer 7 ist uns gegeben, um klarzumachen, was in Römer 6, 14 steht: »Denn die Sünde wird nicht herrschen können über euch, die ihr ja nicht unter dem Gesetz seid, sondern unter der Gnade.« Wir brauchen noch das Wissen von der Befreiung vom Gesetz.

Gnade ist, wenn Gott etwas für mich tut. Gesetz ist, wenn ich etwas für Gott zu tun habe. Gott hat bestimmte heilige und gerechte Forderungen an mich, das Gesetz. Befreiung vom Gesetz ist dann, daß er nichts mehr verlangt, sondern in Gnade selbst die Forderung erfüllt. Ich (das ist das fleischliche Ich, das in Kapitel 7 gemeint ist) brauche nichts mehr für Gott zu tun! Das ist Befreiung vom Gesetz. Das Verhängnis in Römer 7 entsteht dadurch, daß der Mensch im Fleisch etwas für Gott tun will. Sobald wir Gott in dieser Weise zu gefallen suchen, stellen wir uns unter das Gesetz, und die Erfahrung von Römer 7 wird zu der unsrigen.

Beim Verständnis dieser Zusammenhänge müssen wir von vornherein festhalten, daß die Schuld nicht am Gesetz liegt. Paulus sagt: »Das Gesetz ist ja heilig, und das Gebot ist heilig, recht und gut« (Rö 7, 12). Am Gesetz ist nichts auszusetzen, sehr wohl aber an mir. Die Forderungen des Gesetzes sind gerecht, aber die Person, an die sie gestellt werden, ist ungerecht. Ich bin unfähig, sie zu erfüllen. Es mag völlig in Ordnung sein, wenn mir der Staat eine Zahlung von hundert Pfunden auferlegt, aber wenn ich nur zehn Schillinge besitze, ist die Situation ganz und gar nicht in Ordnung.

Ich bin ein Mensch, der »unter die Sünde verkauft« ist (7, 14). Die Sünde herrscht über mich. Solange man mich in Ruhe läßt, bin ich ein ganz annehmbarer Mensch. Sobald man aber etwas von mir verlangt, kommt meine Sündhaftigkeit ans Licht. Es ist ähnlich, wie wenn man einen sehr ungeschickten Diener im Hause hat. Solange er untätig auf einem Fleck sitzt, merkt man seine Ungeschicklichkeit nicht. Natürlich ist er auch nicht von großem Nutzen; aber er richtet wenigstens keinen Schaden an. Sagt man ihm nun jedoch: »Stehe auf, vertrödle deine Zeit nicht! Tue etwas!« so beginnt das Übel. Er wirft beim Aufstehen einen Stuhl um, stolpert nach ein paar Schritten über einen Schemel und zerbricht ein kostbares Stück Porzellan, sobald er es in die Hand nimmt. Der Mann ist zwar tölpelhaft, ob er tätig oder untätig ist, aber erst die Anforderungen, die an ihn gestellt werden, enthüllen seine Ungeschicklichkeit.

Wir sind alle von Natur aus Sünder. Solange Gott nichts von uns erwartet, scheint alles gut zu gehen, aber sobald Gott seine Forderungen stellt, ist der Schauplatz für unsere Sündhaftigkeit geschaffen. Das Gesetz macht unsere Unzulänglichkeit von einer Gelegenheit zur anderen offenbar.

Gott weiß, wer ich bin. Er weiß, daß ich durch und durch voll Sünde bin, daß ich nichts vermag. Der es nicht weiß, bin ich selbst. Ich gebe wohl zu, daß, weil alle Menschen Sünder sind, ich auch einer bin, aber bei mir selbst denke ich doch, daß es mit mir nicht so hoffnungslos steht, wie mit manchen anderen. Gott muß uns darum alle zu dem Punkt bringen, an dem wir einsehen, wie völlig schwach und hilflos wir sind. Auch wenn wir es sagen, glauben wir es noch nicht ganz, darum muß Gott etwas unternehmen, um uns zu überzeugen. Das geschieht durchs Gesetz. Paulus kam an diesen Punkt, darum sagt er: »Die Sünde erkannte ich nicht, außer durchs Gesetz. Denn ich wußte nichts von der Lust, hätte das Gesetz nicht gesagt: Laß dich nicht gelüsten!« (Rö 7, 7). Was immer seine Erfahrung mit anderen Geboten gewesen war, das neunte und zehnte Gebot, »Du sollst dich nicht lassen gelüsten . . .«

zeigen ihm, wie es um ihn stand. Hier starrte ihm sein ganzes Versagen ins Gesicht.

Je mehr wir das Gesetz zu halten versuchen, desto deutlicher zeigt sich unsere Schwachheit und desto tiefer geraten wir in die Not von Römer 7, bis es uns endlich klar wird, daß wir hoffnungslos schwach sind. Gott wußte das die ganze Zeit, aber wir wußten's nicht und mußten durch eine schmerzhafte Erfahrung zu dieser Erkenntnis geführt werden. Unsere Schwachheit mußte uns selbst unwiderlegbar bewiesen werden. Darum gab uns Gott das Gesetz.

Wir mögen also in Ehrfurcht sagen, daß Gott uns niemals das Gesetz gab, damit wir es halten sollten, sondern damit wir es brächen. Er wußte, daß wir es nicht halten konnten, daß wir so schlecht sind, daß er nichts verlangen kann. Niemals konnte sich ein Mensch durch das Gesetz vor Gott angenehm machen. Nirgends im Neuen Testament wird den Gläubigen gesagt, daß sie das Gesetz halten sollen; vielmehr wird gesagt, daß das Gesetz gegeben wurde, damit er uns zu Gesetzesübertretern machte! »Das Gesetz aber ist nebeneingekommen, auf daß die Sünde mächtiger würde« (Rö 5, 20). Wohl bin ich ein Sünder von Adam her. »Aber die Sünde erkannte ich nicht außer durchs Gesetz . . . denn ohne das Gesetz ist die Sünde tot . . . als aber das Gebot kam, ward die Sünde lebendig, ich aber starb« (Rö 7, 7–9). Das Gesetz enthüllt unsere wahre Natur. So eingebildet und selbstsicher sind wir, daß uns Gott einen Beweis unserer Schwäche liefern muß. Zum Schluß kommen wir zur Einsicht und bekennen: »Ich bin durch und durch ein Sünder und vermag von mir aus nichts, um Gott zu gefallen.« Das Gesetz ist unser Zuchtmeister gewesen (Gal 3, 24), um uns zu Christus zu bringen, damit er es selbst in uns erfülle.

Christus, das Ende des Gesetzes

Römer 6 zeigt uns die Befreiung von der Sünde an Hand des Bildes vom Herrn und Sklaven. In Kapitel 7 wird die Befreiung vom Gesetz mit Hilfe des Bildes von Ehemann und Ehefrau beschrieben. Die Beziehungen zwischen Sünde und Sünder ist also gleich der von Herren und Sklaven, die zwischen Gesetz und Sünder gleich der von Mann und Frau.

In Römer 7, 1–4 beschreibt Paulus die Situation, in der eine Frau zwei Männern gegenübersteht. Die Frau ist in einer schwierigen Lage, denn sie kann nur die Gattin des einen sein, aber unglücklicherweise ist sie mit dem weniger begehrenswerten verheiratet. Wollen wir nicht übersehen, daß ihr Mann ein guter Mensch ist! Aber die Schwierigkeit liegt darin, daß die beiden in keiner Weise zueinander passen. Er ist ein bis ins Letzte genauer Mensch, bei dem alles seine Ordnung haben muß; sie ist großzügig veranlagt und nimmt die Dinge, wie sie kommen. Wie kann es in einem solchen Hause gut gehen? Dauernd stellt der Mann Forderungen an seine Frau, was man ihm nicht übel nehmen kann, da er ja ihr Mann ist. Überdies sind seine Forderungen ganz angemessen. Aber er hat die falsche Frau, um sie erfüllt zu bekommen. Es sind zwei völlig verschiedene Naturen, die einfach nicht miteinander auskommen können. Darum die Not der Frau. Wohl ist sie sich klar darüber, daß sie vieles falsch macht, aber mit so einem Mann scheint es, als ob schlechthin alles, was sie sagt und tut, falsch sei. Was für eine Hoffnung besteht für sie noch? Wäre sie nur mit jenem anderen Mann verheiratet, so wäre alles gut! Er stellt zwar auch Ansprüche, aber er hilft zugleich mit. Sie würde ihn auf der Stelle heiraten, aber ihr Mann lebt ja noch. Sie ist »an ihn gebunden durch das Gesetz«, und wenn er nicht stirbt, so kann sie jenen anderen nicht legitim zum Manne haben.

Dieses Bild stammt nicht von mir, sondern vom Apostel Paulus. Der erste Mann ist das Gesetz, der zweite Christus; wir sind in der Rolle der Frau. Das Gesetz stellt seine Forderungen und tut nichts, um bei der Erfüllung zu helfen. Der Herr Jesus fordert das gleiche, ja noch mehr (Mt 5, 21–48), aber was er verlangt, führt er zugleich in uns aus. Kein Wunder, daß die Frau von dem ersten Mann befreit sein will, um jenen anderen zu heiraten. Aber ersterer hält zäh am Leben fest. Es besteht keinerlei Aussicht auf sein Ableben: »Bis daß Himmel und Erde vergehe, wird nicht vergehen der kleinste Buchstabe noch ein Tüpfelchen vom Gesetz, bis daß es alles geschehe« (Mt 5, 18).

Wenn das aber so ist, wie kann es dann je mit Christus vereinigt werden? Wie kann ich einen anderen Mann heiraten, wenn mein erster nicht stirbt? Es gibt nur einen Ausweg: Wenn er nicht sterben wird, so kann ich sterben und damit das Eheverhältnis lösen. Und genau das ist Gottes Weg zu unserer Befreiung vom Gesetz. Die wichtigste Stelle in diesem Abschnitt in Römer 7 ist Vers 4, wo dieser Ausweg aufgezeigt ist. Das Gesetz ist unvergänglich, ich aber bin vergänglich und werde durch meinen Tod vom Gesetz befreit. Gottes gerechte Forderungen bleiben für immer bestehen, und wenn ich lebe, bin ich verpflichtet, sie zu erfüllen. Wenn ich aber sterbe, so hat das Gesetz keine Gewalt mehr über mich. Über das Grab hinaus kann es mir nicht folgen.

Das gleiche Prinzip, das für die Befreiung von der Sünde gilt, gilt auch hier. Wenn ich sterbe, so lebt mein alter Herr, die Sünde zwar noch weiter, aber seine Herrschaft reicht nicht mehr bis zu mir. Mit dem Tod der Frau ist das Eheverhältnis gelöst und sie ist »los vom Gesetz, das den Mann betrifft«. Das Gesetz mag nach wie vor fordern, aber über mich hat es keine Gewalt mehr. Hier nun erhebt sich die wesentliche Frage: Wie sterbe ich? Die Antwort ist in dem Werk unseres Herrn gegeben: »Also seid auch ihr, meine Brüder, getötet dem Gesetz durch den Leib Christi« (Rö 7, 4). Als Christus gekreuzigt wurde, war ich mit ihm am Kreuz. In Gottes Augen schließt sein Tod meinen mit ein. Er ist ein für allemal auf Golgatha geschehen.

Der Tod des Herrn hat uns für immer vom Gesetz befreit. Aber der Herr blieb nicht im Grab. Am dritten Tage ist er auferstanden und wir mit ihm. Wir sind nicht nur »getötet dem Gesetz durch den Leib Christi«, sondern auch lebendig für Gott. Gott hatte nicht nur ein negatives, sondern ein herrlich positives Ziel, als er uns mit Christus vereinigte: ». . . damit ihr einem andern angehöret« (Rö 7, 4). Das alte Eheband ist durch den Tod zerrissen, und die Frau, die durch die Forderungen ihres Mannes zur Verzweiflung getrieben wurde, weil er nie das Geringste tat, um ihr zu helfen, ist nun frei, um den anderen Mann zu heiraten, der mit jeder Forderung, die er stellt, auch selbst die Kraft zur Erfüllung gibt. Das Ergebnis dieser neuen Verbindung ist, »auf daß wir Gott Frucht bringen« (7, 4). Die törichte sündhafte Frau ist in Christus gestorben und auch auferweckt und bringt Gott in der Kraft ihres Auferstehungslebens Frucht. Gottes Gesetz ist nicht aufgehoben, aber es wird völlig erfüllt, denn der auferstandene Herr lebt sein Leben in ihr, und sein Leben ist so, daß der Vater daran Wohlgefallen hat.

Wenn sich eine Frau verheiratet, trägt sie nicht mehr ihren, sondern ihres Mannes Namen und gewinnt zugleich Anteil an seinem Besitz. So ist es auch, wenn wir mit Christus vereinigt werden. Alles, was sein ist, wird auch unser, und mit Hilfe seiner unerschöpflichen Möglichkeiten sind wir wohl imstande, allen seinen Forderungen gerecht zu werden.

Unser Ende ist Gottes Anfang

Nach der lehrmäßigen Behandlung der Frage kommen wir nun zur praktischen Anwendung. Was bedeutet es praktisch in unserem Leben, vom Gesetz befreit zu sein? Es bedeutet, daß ich von nun an nichts mehr tun werde, um Gott zu gefallen. »Was für eine unmögliche, ketzerische Behauptung!« magst du denken. Aber erinnern wir uns, daß wir uns sofort unter das Gesetz stellen, sobald wir versuchen, »im Fleisch« Gott zu gefallen. Ich habe das Gesetz übertreten, das Todesurteil wurde über mir ausgesprochen und vollstreckt, nun bin ich — das fleischliche Ich (vgl. Rö 7, 14) — allen seinen Ansprüchen enthoben. Zwar besteht immer noch ein göttliches Gesetz, ja, es gibt jetzt sogar »ein neues Gebot«, das unendlich viel mehr verlangt als das alte, aber, Gott sei Dank, werden die Forderungen alle durch Jesus Christus erfüllt, denn es ist Christus, der in mir wirkt, was Gott wohlgefällig ist. »Ich bin gekommen ... zu erfüllen« waren seine Worte (Mt 5, 17). Darum kann Paulus, nun auf dem Boden der Auferstehung, sagen: »Schaffet, daß ihr selig werdet mit Furcht und Zittern. Denn Gott ist's, der in euch wirkt beides, das Wollen und das Vollbringen nach seinem Wohlgefallen« (Phil 2, 12–13).

Gott ist's, der in euch wirkt! Befreiung vom Gesetz bedeutet nicht, daß wir befreit davon sind, Gottes Willen zu tun. Es bedeutet keinesfalls, daß wir gesetzlos sein werden. Ganz im Gegenteil! Wir sind davon befreit, seinen Willen mit unserer eigenen Kraft tun zu müssen. Da wir völlig überzeugt sind, daß wir es nicht vermögen, hören wir auf, Gott im alten Menschen gefallen zu wollen. Wenn wir diesen Punkt der Selbstverzweiflung erreicht haben, setzen wir unser ganzes Vertrauen auf den Herrn, daß er sein Auferstehungsleben in uns zur Auswirkung bringe.

In China gibt es Träger, die eine Salzladung von 120 Kilo und andere, die 250 Kilo zu tragen imstande sind. Wenn nun ein Mann, der 120 Kilo tragen kann, eine Ladung von 250 Kilo sieht, so wird er, wenn er klug ist, sagen: »Ich versuche es gar nicht erst.« Aber in der menschlichen Natur steckt der Hang zum Probieren, und so versucht er es doch, obwohl er genau weiß, daß er es nicht kann. Als Junge war es mir immer ein besonderes Vergnügen, zehn oder zwanzig solcher Burschen zu beobachten, wie sie daherkamen und einer nach dem anderen eine Ladung zu heben versuchten, von denen sie von vornherein wußten, daß sie ihr nicht gewachsen waren, bis sie dann schließlich dem den Platz einräumen mußten, der damit fertig wurde.

Je früher wir es aufgeben, Gott gefallen zu wollen, desto besser, denn wenn wir die Aufgaben für uns beanspruchen, bleibt kein Platz für den Heiligen Geist. Verlassen wir uns aber von Anfang an auf den Herrn, so werden wir entdecken, daß uns eine Kraft ans Ziel bringt, die stärker ist als wir.

1932 traf ich mit einem bekannten Evangelisten zusammen. Wir waren auf dem Heimweg nach einem Vortrag, an dem ich über diese Dinge gesprochen hatte, als er bemerkte:

»Diese Saite von Römer 7 wird heute selten genug berührt. Es ist so gut, sie wieder zu hören. Der Tag, an dem ich vom Gesetz frei wurde, war für mich der Himmel auf Erden. Ich war schon jahrelang Christ und versuchte immer noch, mein Bestes zu tun, um Gott zu gefallen, aber je mehr ich mich mühte, desto kläglicher versagte ich. Gott wurde für mich zum größten Fronherrn des Weltalls, aber ich sah mich unfähig, auch nur sein geringstes Gebot zu erfüllen. Plötzlich, als ich eines Tages Römer 7 las, gingen mir die Augen auf, und ich erkannte, daß ich nicht nur von der Sünde, sondern auch vom Gesetz befreit worden war. In meinem Erstaunen sprang ich auf und sagte: »Herr, so stellst du wirklich keine Forderungen mehr an mich? Ich brauche wirklich nichts mehr für dich zu tun?«

Gottes Forderungen haben sich nicht geändert, aber wir sind es nicht mehr, die sie zu erfüllen haben. Er ist auf dem Thron und gibt das Gesetz, aber er ist zugleich in meinem Herzen und erfüllt es. Mein Freund konnte wohl aufspringen und jubeln vor Freude, und alle, denen dieses Licht aufgeht, dürfen dasselbe tun. Solange wir selbst handeln wollen, kann Gott es nicht. Wir erleben eine Niederlage nach der anderen, eben weil wir es immer noch versuchen. Gott will es uns eindeutig vor Augen führen, daß wir überhaupt nichts für ihn tun können, aber solange wir das nicht völlig begriffen haben, gibt es kein Ende unserer Rückschläge und Enttäuschungen.

Ein Bruder, der sich mit aller Gewalt den Sieg zu erkämpfen suchte, klagte mir, daß er nicht verstehe, warum er so schwach sei. »Der Haken bei dir ist«, sagte ich, »daß du zwar zu schwach bist, um Gottes Willen zu erfüllen, daß du aber nicht schwach genug bist, um es gar nicht zu versuchen. Du bist immer noch zu stark. Wenn du so schwach bist, daß du einsiehst, daß du überhaupt nichts vermagst, dann wird Gott alles tun.« An diesem Punkt müssen wir alle kommen.

Ich wohnte einmal mit etwa zwanzig anderen Brüdern vorübergehend in einem Hause, von dem aus wir täglich in einem Flusse badeten. Einmal bekam ein Bruder im Wasser einen

Beinkrampf, und ich sah, wie er plötzlich zu sinken begann. Ich machte schnell einen anderen Bruder, der ein ausgezeichneter Schwimmer war, darauf aufmerksam, damit er ihm zu Hilfe komme. Aber zu meinem Erstaunen rührte sich dieser nicht vom Fleck. Ich rief ihm in höchster Aufregung zu: »Siehst du nicht, daß der Mann ertrinkt?« Auch die anderen Brüder riefen wild durcheinander. Und immer noch bewegte sich unser Schwimmer nicht, gerade als ob er die unangenehme Pflicht aufschieben wollte. Inzwischen wurden Stimme und Bewegungen des Ertrinkenden immer schwächer. Ich fühlte, wie ich den anderen Mann in meinem Herzen haßte. Aber als der Hilfesuchende im Wasser tatsächlich sank, war der Schwimmer mit ein par kräftigen Zügen an seiner Seite, und in kurzer Zeit waren beide sicher an Land. Sobald ich Gelegenheit fand, machte ich meinem Herzen Luft und sagte: »Ich habe noch nicht leicht einen Christen gesehen, der sein Leben so lieb hat wie du. Wieviel Angst hättest du dem armen Bruder erspart, wenn du ein bißchen weniger an dich und ein bißchen mehr an ihn gedacht hättest!« Aber der Schwimmer kannte sich besser aus.

»Wäre ich früher zu ihm gekommen«, antwortete er, »so hätte er mich so fest umklammert, daß wir beide untergegangen wären. Einen Ertrinkenden kann man erst retten, wenn er keine Anstrengungen mehr macht, sich selbst zu retten.«

Wenn wir den Fall aufgeben, dann übernimmt ihn Gott. Er wartet, bis wir am Ende unserer Möglichkeiten sind. Alles, was von der alten Schöpfung ist, hat er zum Kreuz verurteilt. Das Fleisch vermag nichts. Wenn wir etwas im Fleisch ausrichten wollen, weisen wir tatsächlich das Kreuz Christi zurück. Gott hat erklärt, daß für uns nur der Tod in Frage kommt. Diesen Bescheid bestätigen wir, indem wir alle unsere fleischlichen Bemühungen, ihm zu gefallen, aufgeben. Unsere Anstrengungen, seinen Willen zu tun, zeigen, daß wir seine Forderungen und seine Hilfe falsch verstanden haben. Der »elende Mensch« von Römer 7 versuchte, Gottes Forderungen selbst zu erfüllen. Das immer wiederkehrende Wort »ich« in diesem

Kapitel gibt uns den Schlüssel zum Verständnis seines Versagens. »Denn das Gute, das ich will, das tue ich nicht; sondern das Böse, das ich nicht will, das tue ich.« Das Ergebnis seiner Versuche war, daß er, weit entfernt davon, Gott zu gefallen, das tat, was ihm mißfiel. Mitten in seinem Bemühen tat er das genaue Gegenteil dessen, was er als Gottes Willen erkannte.

»Ich danke Gott!«

In Römer 6 ist von dem »sündlichen Leib« und in Römer 7 vom »Leib des Todes« die Rede. Der »sündliche Leib« bedeutet, daß ich mich allem Bösen, Weltlichen, Satanischen gegenüber meiner Natur nach aktiv, positiv verhalte. Der »Leib des Todes« bezieht sich auf das Gesetz und bedeutet, daß ich auf alles, was zum Reich Gottes gehört, negativ, passiv reagiere.

Haben wir das in unserem Leben erkannt? Es nur in Römer 6 und 7 zu sehen, nützt wenig. Wir müssen erkennen, daß wir die Last eines toten Körpers mit uns schleppen, wenn es darum geht, Gottes Willen zu tun. Es bereitet uns keinerlei Schwierigkeiten, über weltliche Dinge zu sprechen, aber unsere Zunge ist gelähmt, wenn wir vom Herrn sprechen wollen. Wenn wir beten wollen, fühlen wir uns schläfrig, wenn wir etwas für den Herrn tun wollen, ist uns nicht gut. Aber was nicht in Gottes Willen ist, können wir tun. Etwas ist an unserem Leib, das nicht mit Gottes Willen übereinstimmt.

Im 1. Korintherbrief ist beschrieben, was Tod eigentlich ist. Paulus schreibt: »Darum sind auch viele Schwache und Kranke unter euch, und ein gut Teil sind entschlafen« (1 Kor 11, 30). Tod ist der letzte Grad der Schwäche. Daß ich Gottes Willen gegenüber einen Leib des Todes habe, bedeutet, daß meine Schwachheit zum Zustand völliger Hilflosigkeit geworden ist. »Ich elender Mensch! Wer wird mich erlösen von dem Leibe dieses Todes?« schreit Paulus. Wohl gibt es keinen menschlichen Aufschrei, den Gottes Ohren lieber vernehmen. Es ist der geistlichste Schrei, den ein Mensch tun kann. So kann nur einer rufen, der keinen Ausweg mehr sieht. Bis zu diesem Punkt faßte der Mensch nach jeder Niederlage neue Entschlüsse und verdoppelte seine Willenskraft. Aber nun endlich weiß er, daß all sein Wollen zu nichts führt. Er gleicht einem Menschen, der plötzlich mitten in einem brennenden Haus erwacht und nur noch um Hilfe rufen kann, da er selbst alle Hoffnung zu entkommen aufgeben muß.

Bist du an dir selbst verzweifelt, oder hoffst du, daß du durch vermehrtes Beten und Lesen in der Schrift noch ein besserer Christ werden kannst? Gebet und Bibellesen sind nichts Unrechtes. Gott verhüte, daß wir diesen Eindruck erwecken! Aber es ist unrecht, selbst auf diese Dinge unsere Hoffnung zu setzen. Unsere Hilfe steht bei Christus allein, zu dem alles Beten und Bibellesen hinführen muß. Das Gute ist, daß der »elende Mensch« nicht bei der Beklagung seines Elends stehenbleibt, sondern fragt: »Wer wird mich erlösen?« Bisher war er auf der Suche nach der Lösung seines Problems gewesen; nun ist seine Hoffnung auf eine Person gerichtet. Er blickt über sich hinaus nach einem Retter. Er ruft keine eigene Willenskraft mehr auf, sondern erwartet alles von einem anderen.

Wir haben die Sündenvergebung nicht durch Beten, Bibellesen und gute Werke erlangt, sondern dadurch, daß wir aufs Kreuz schauten und glaubten, was der Herr getan hatte. Auch unsere Befreiung geschah nach diesem Prinzip, und mit der Erfüllung von Gottes Willen ist es nicht anders.

Zur Sündenvergebung schauen wir auf ihn am Kreuz. Unsere Befreiung von der Sünde und die Erfüllung seines Willens geschieht, wenn wir auf ihn in unseren Herzen schauen und ihm vertrauen, daß er es in uns tun wird. Wir sind in allem auf ihn geworfen.

Als der Römerbrief geschrieben wurde, gebrauchte man eine eigenartige und schreckliche Hinrichtungsart für einen Mörder. Der tote Körper des Gemordeten wurde Kopf an Kopf, Hand an Hand, Fuß an Fuß an den Körper des Mörders gebunden, bis auch dieser starb. Wohin er ging, mußte er den Leichnam seines Opfers mit sich schleppen. Kaum kann man sich eine entsetzlichere Art der Bestrafung denken. Das ist aber das Bild, welches Paulus hier gebraucht. Es ist, als sei er an einen toten Körper gebunden und bei jedem Schritt mit der grauenhaften Last beschwert. Schließlich hält er es nicht mehr aus und schreit: »Ich elender Mensch! Wer wird mich erlösen ...?« Da wandelt sich seine Verzweiflung in einem Lichtstrahl der Erkenntnis in einen Lobgesang: »Ich danke Gott durch Jesum Christum, unsern Herrn« (Rö 7, 25).

Wir wissen, daß unsere Rechtfertigung durch den Herrn Jesus und ohne jedes Zutun von uns geschieht. Aber wir denken immer wieder, daß unsere Heiligung von unserem Tun abhängt und fürchten, daß nichts geschehen wird, wenn wir nichts tun. Nach unserer Errettung regt sich der alte Tätigkeitstrieb in uns, und wir beginnen wieder mit unseren eigenen Anstrengungen. Dann kommt Gottes Wort von neuem zu uns: »Es ist vollbracht!« (Joh 19, 30). Er hat am Kreuz alles für unsere Vergebung getan und wird in uns alles zu unserer Befreiung tun. »Gott ist's, der in euch wirket ...«

»Ich danke Gott« sind die ersten Worte des befreiten Menschen. Wenn uns jemand einen Becher Wasser gibt, so danken wir dem Geber, nicht einem anderen. Paulus sagt: »Ich danke Gott«, weil Gott es war, der alles tat. Hätte es Paulus gewirkt, so hätte er gesagt: »Ich danke Paulus.« Aber er sah, daß Paulus ein »elender Mensch« war und daß ihm Gott allein zu Hilfe kommen konnte. Darum sagte er: »Ich danke Gott.« Gott will alles tun, darum gebührt ihm auch aller Ruhm. Täten wir irgend etwas dazu, so bekämen wir einen Teil des Ruhmes. Gott ist es, dem aller Dank gebührt, denn er tut alles von Anfang bis zum Ende.

Was in diesem Kapitel gesagt wurde, mag negativ und unrealistisch erscheinen, wenn wir hier stehen blieben, als ob das Wesen des Christenlebens darin bestünde, sich stille zu verhalten und zu warten, daß etwas geschehen solle. Jeder, der aber darin steht, weiß, daß der Glaube an Christus positiv und tätig ist nach einem völlig neuen Lebensgesetz. Welche Folgen dieses neue Lebensgesetz für uns hat, wollen wir im folgenden behandeln.

Der Wandel im Geist

Das Thema jenes zweiten Teiles unseres Abschnitts im Römerbrief (Kap. 5, 12–8, 39) läßt sich in zwei Gegenüberstellungen zusammenfassen:

In Adam – in Christus (Rö 5, 12–6, 23)
im Fleisch – im Geist (Rö 7, 1–8, 39).

In beiden Fällen handelt es sich um zentrale Fragen unserer christlichen Existenz. Der erste Kontrast bezieht sich auf unseren Stand, das heißt auf das, was wir objektiv von Natur aus waren und was wir durch den Glauben an das Erlösungswerk Christi geworden sind. Der zweite Kontrast bezieht sich auf unseren Wandel im praktischen Erfahrungsbereich. Die Schrift läßt keinen Zweifel daran, daß zu der objektiven Seite unseres Christenlebens auch die praktische unseres Wandels treten muß. Wenn wir »in Christus« sind, so gehört dazu, daß wir »im Geist« wandeln. Die häufige Nennung des Geistes im ersten Teil von Kapitel 8, zu dem wir jetzt kommen, zeigt uns die Wichtigkeit dieser Lehre.

Fleisch und Geist

Fleisch und Adam gehören zusammen, ebenso Geist und Christus. Die Frage, ob wir in Adam oder in Christus sind, lassen wir nun als bereits erörtert hinter uns und fragen: Leben wir im Fleisch oder im Geist?

Im Fleisch leben bedeutet, seine Kraft aus der alten Natur beziehen, die uns von Adam vererbt wurde. Wir sind darin mit jeder Fähigkeit zur Sünde ausgestattet, deren Wirkung wir nur allzugut kennen. In Christus leben aber bedeutet, daß alles, was für ihn gilt, auch in mir ist. Um dies praktisch werden zu lassen, muß ich lernen, im Geist zu wandeln.

Es ist eine vollendete Tatsache, daß mein alter Mensch in Christus gekreuzigt wurde, und daß ich nun mit »allerlei geistlichem Segen in himmlischen Gütern durch Christus« gesegnet bin (Eph 1, 3). Aber wenn ich nicht im Geist lebe, kann mein Leben ein Widerspruch zu dieser Tatsache sein, denn was für ihn gilt, ist in mir nicht zum Ausdruck gebracht. Ich mag wohl erkannt haben, daß ich in Christus bin, aber möglicherweise muß ich auch erkennen, daß sich mein altes Wesen stark behauptet. Woran liegt das? Es liegt daran, daß ich die Wahrheit nur objektiv anerkenne, statt mir alles, was objektiv wahr ist, auch subjektiv zu eigen zu machen. Das geschieht, wenn ich im Geist lebe.

Nicht nur bin ich in Christus; Christus ist auch in mir. Wie aber rein physisch ein Mensch nicht im Wasser, sondern nur in der Luft leben und arbeiten kann, so wohnt und erweist sich Christus nicht »im Fleisch«, sondern »im Geist«. In einem fleischlichen Leben ist das, was mir durch Christus gegeben ist, gleichermaßen hintan gehalten. Obwohl ich tatsächlich in Christus bin, so entdecke ich doch zu meinem Schrecken, wenn ich im Fleische – also aus eigener Kraft und nach eigenem Willen – lebe, daß in meinem praktischen Leben die Adamsnatur zutage tritt. Will ich auch praktisch erfahren, was Christus in mir ist, so muß ich lernen, im Geist zu leben.

Im Geist leben heißt, daß ich dem Heiligen Geist zutraue, in mir zu vollbringen, was ich selbst nicht tun kann. Dies ist ein völlig verschiedenes Leben von dem, das ich natürlicherweise führen würde. Immer, wenn ich vor einer neuen Forderung des Herrn stehe, so wende ich mich an ihn, damit er in mir tue, was er verlangt. Das ist kein Ausprobieren, sondern Vertrauen, kein Kampf, sondern ruhen in ihm. Meinen Jähzorn, unreine Gedanken, eine böse Zunge, abfälliges Urteilen ändere ich nicht durch meine Willenskraft, sondern ich halte mich diesen Dingen in Christus gestorben und vertraue auf den Geist Gottes, daß er in mir die Reinheit, Demut und Güte wirkt. Das ist gemeint, wenn es heißt: »... stehet fest und sehet zu, was für ein Heil der Herr heute an euch tun wird« (2 Mo 14, 13).

Wir werden z. B. gebeten, jemanden zu besuchen, den wir als schwierigen Menschen kennen. Wir vertrauen aber auf den Herrn, daß er uns helfen wird und sagen ihm, daß wir mit unserer Kraft bestimmt versagen würden. Zu unserem Erstaunen erfahren wir dann, daß kein Ärger in uns aufkommt, obwohl der Bekannte alles andere als taktvoll und zuvorkommend ist. Später fragen wir uns, warum wir so ruhig und gefaßt bleiben konnten. Die Erklärung ist natürlich, daß uns der Geist durchhalf.

Es ist traurig, wenn wir solche Erfahrungen nur gelegentlich machen, denn sie sollten zu unserem täglichen Leben gehören. Wenn der Heilige Geist eine Sache übernimmt, so gibt es für uns keine Spannungen. Es ist also nicht so, daß wir die Zähne zusammenbeißen und in unserer Selbstbeherrschung einen großen Sieg sehen. Wo wirklicher Sieg ist, da gab es keine Anstrengung im Fleisch. Der Herr ist es, der uns wunderbar dazu verhalf.

Die Versuchung will uns immer zum Handeln treiben. Während der ersten drei Monate des Krieges mit Japan verloren wir eine große Anzahl Panzer und konnten gegen die japanischen Panzer nichts ausrichten, bis folgende Methode zur Anwendung kam: Ein Schütze feuerte aus dem Hinterhalt einen einzigen Schuß auf einen japanischen Tank und nach beträchtlichen Zeitspannen noch zwei weitere Schüsse. Schließlich steckte der Panzerfahrer, um den Unruheherd ausfindig zu machen, den Kopf heraus und sah sich um. Der nächste, scharf gezielte Schuß war sein Ende. Solange der Panzerfahrer in seinem Fahrzeug blieb, war er völlig sicher. Das ganze Manöver war nur darauf angelegt, ihn herauszubringen.

In gleicher Weise legt es Satan in erster Linie nicht darauf an, uns in eine besondere Sünde zu locken, sondern einfach, uns in eigener Kraft handeln zu lassen. Und sowie wir aus unserer Geborgenheit in Christus heraustreten, hat er seinen Sieg über uns errungen. Weigern wir uns aber, uns in den Bereich des Fleisches zu begeben, so kann er uns nichts anhaben.

Der göttliche Weg zum Sieg gestattet nicht, daß wir irgend etwas außerhalb Christi unternehmen. Denn sowie wir uns bewegen, leiten uns unsere natürlichen Neigungen in die falsche Richtung. Wo finden wir Hilfe? In Galater 5, 17 steht: »Denn das Fleisch streitet wider den Geist und der Geist wider das Fleisch; dieselben sind widereinander.« Also nicht gegen uns kämpft das Fleisch, sondern gegen den Heiligen Geist. Und das Ergebnis dieses Kampfes ist, ». . . daß ihr nicht tut, was ihr wollt.«

Ich glaube, wir haben diesen letzten Zusatz oft falsch verstanden. »Was wir tun wollen«, das sind Dinge, die uns unser natürliches Wesen außerhalb Gottes Willen diktiert. Die Folge unserer Weigerung aber, aus uns selbst zu handeln, ist, daß der Heilige Geist das Fleisch in uns besiegen kann, und wir nicht tun, was wir natürlicherweise wollen. Wir werden also nicht unseren eigenen Trieben folgen, sondern uns froh und dankbar Gottes vollkommenem Plan ergeben. Daher auch gilt das Prinzip: »Wandelt im Geist, so werdet ihr die Lüste des Fleisches nicht vollbringen« (Gal 5, 16). Wenn wir unser Leben im Glauben an den auferstandenen Christus führen, und das ist »im Geist leben«, so können wir selbst einfach zurückstehen, während der Geist Sieg über Sieg über das Fleisch erringt. Er wurde uns gegeben, um diese Rolle in unserem Leben auszufüllen. Unser Sieg liegt darin, daß wir uns in Christus verbergen und auf den Heiligen Geist vertrauen, daß sein Wille über die fleischliche Lust in uns Herr wird.

Das Kreuz wirkte das Heil *für* uns.

Der Geist wirkt das Heil *in* uns.

In dem auferstandenen, erhöhten Christus ist unsere Errettung. Sie wird wirksam durch Christus, der durch den Geist in unseren Herzen wohnt.

Christus, unser Leben

»Ich danke Gott durch Jesus Christus!« Dieser Ausruf des Paulus bringt uns zu dem, was in Galater 2, 20 ausgesprochen und der Schlüsselvers zu der ganzen vorliegenden Schrift ist: »Ich lebe, doch nun nicht ich, sondern Christus lebt in mir.«

Wir sahen, wie vorherrschend in Römer 7 das Wort »ich«

ist mit dem Höhepunkt in dem gequälten Aufschrei: »Ich elender Mensch!« Darauf folgt dann der befreite Ruf: »Ich danke Gott durch Jesus Christus!« Paulus ist zu der Entdekkung gekommen, daß unser Leben in Christus allein besteht. Wir denken manchmal, Christsein sei ein verändertes Leben. Aber es ist ein ausgewechseltes, ein Ersatz-Leben, das uns Gott anbietet. Der Ersatz in uns ist Christus. »Ich lebe, doch nun nicht ich, sondern Christus lebt in mir.« Es ist nicht ein Leben, das wir selbst erzeugen müssen. Christus reproduziert sein Leben in uns. Das ist ein Vorgang, der über die Wiedergeburt hinausgeht. Das Leben Christi wird in der Wiedergeburt durch den Heiligen Geist in uns eingepflanzt. Aber nun muß dieses Leben wachsen und sich entwickeln, bis Christus selbst Gestalt in uns angenommen hat. Darum sagt Paulus in Galater 4, 19: »Meine lieben Kinder, welche ich abermals mit Ängsten gebäre, bis daß Christus in euch Gestalt gewinne ...«

Ich kam einmal in Amerika in ein Haus eines gläubigen Ehepaars, das mich bat, für sie zu beten. Als ich fragte, was ihr besonderes Anliegen sei, sagten sie: »O, Herr Nee, mit uns steht es schlecht seit einiger Zeit. Unsere Kinder bringen uns so oft an das Ende unserer Geduld. Während der letzten Wochen haben wir beide mehrmals am Tage die Beherrschung verloren. Wir machen dem Namen des Herrn wirklich Unehre. Wollen Sie ihn bitten, uns mehr Geduld zu geben?«

»Das ist gerade das, was ich nicht tun kann«, sagte ich.

»Was meinen Sie damit?«

»Ich meine, daß es hundertprozentig feststeht, daß Gott dieses Gebet nicht erhören wird.«

Voll Verwunderung fragten sie: »Wollen Sie damit sagen, daß wir so weit von ihm abgekommen sind, daß Gott uns nicht erhören wird, wenn wir um Geduld bitten?«

»Nicht direkt«, antwortete ich. »Aber sagen Sie mir, haben Sie je dieses Gebet ausgesprochen? Ja? Hat Sie Gott erhört? Nein? Wissen Sie weshalb? Weil Sie keine Geduld nötig haben.«

Die Frau sah mich scharf an. »Sie wollen sagen, wir haben keine Geduld nötig«, sagte sie, »und doch sind wir den ganzen Tag lang voller Zorn und Unmut?«

»Was Sie brauchen«, antwortete ich, »ist nicht Geduld, sondern Christus.«

Gott gibt uns nicht Demut oder Geduld oder Liebe als einzelne Zeichen seiner Gnade. Er ist kein Verkäufer, der uns die Gnade in Portionen aushändigt: dem Ungeduldigen ein wenig Geduld, dem Lieblosen Liebe, dem Hochmütigen Demut, damit wir mit dieser Zuteilung wieder eine Weile arbeiten können. Er hat uns eine Gabe gegeben, die alle unsere Bedürfnisse deckt, seinen Sohn Jesus Christus. Indem ich vertraue, daß er in mir lebt, wird er an meiner Statt demütig, geduldig, liebend und alles andere sein, was mir nötig ist. Denken wir an die Worte im 1. Johannesbrief: »Und das ist das Zeugnis, daß uns Gott das ewige Leben gegeben hat, und solches Leben ist in seinem Sohn. Wer den Sohn hat, der hat das Leben; wer den Sohn Gottes nicht hat, der hat das Leben nicht« (1 Joh 5, 11–12). Das Leben Gottes ist uns im Sohn gegeben. »Die Gabe Gottes ist das ewige Leben in Christus Jesus, unserm Herrn« (Rö 6, 23). Unser Verhältnis zum Sohn ist unser Verhältnis zum Leben.

Es ist etwas Wunderbares, wenn man den Unterschied zwischen den christlichen Tugenden und Christus erkannt hat. Im 1. Korintherbrief 1, 30 steht: ». . . welcher (Christus) uns gemacht ist von Gott zur Weisheit und zur Gerechtigkeit und zur Heiligung und zur Erlösung.«

Die normale Auffassung von der Heiligung ist, daß jeder Teil unseres Lebens geheiligt werden muß. Das ist aber nur die Auswirkung der Heiligung. Jesus Christus ist unsere Heiligung. Der Prozeß seines Neuwerdens in uns, das ist Heilung. Jede Eigenschaft findet darin Raum. Einen Tag brauchen wir besonders Geduld: Er ist unsere Geduld. Ein anderes Mal brauchen wir Reinheit: Er ist unsere Reinheit. Er ist die Antwort auf jedes Bedürfnis. Darum spricht Paulus in Gal 5, 22 von der »Frucht des Geistes« als Einheit, nicht von den »Früchten«.

Gott hat uns seinen Geist gegeben. Wenn wir Liebe brauchen, so ist die Frucht des Geistes Liebe; brauchen wir Freude, so ist sie Freude. Es spielt gar keine Rolle, was unsere besondere persönliche Not ist oder ob wir hunderterlei besondere Nöte haben: Gott hat eine völlig ausreichende Antwort – seinen Sohn Jesus Christus.

Wie können wir Christus besser in dieser Weise erfahren? Nur indem wir uns mehr unserer Bedürftigkeit bewußt werden. Manche Menschen haben Angst davor, ihre Unzulänglichkeit zu entdecken und können darum nicht wachsen. Wachstum in der Gnade ist das einzig mögliche Wachstum für uns, und Gnade ist, wenn Gott etwas für uns tut. Uns allen wohnt derselbe Christus inne. Wird uns ein neuer Mangel in uns offenbart, so ist der Weg zu neuem Vertrauen auf ihn offen, sein Leben in diesem besonderen Gebiet in uns auszuleben. Größeres Fassungsvermögen bedeutet größere Freude über Gottes Gaben. Ein weiteres Loslassen bedeutet weiteres Vertrauen zu Christus und einen weiteren Schritt vorwärts.

»Christus, mein Leben«, ist das Geheimnis unseres Wachstums. Wir sprachen von dem Unterschied zwischen Bemühen und Vertrauen. Es ist der Unterschied zwischen Himmel und Hölle. »Herr, ich kann es nicht, darum will ich es nicht länger versuchen; ich vertraue statt dessen auf dich.« An diesem Punkt versagen die meisten von uns. Darum geht es, daß wir uns weigern, selbst zu handeln, aber auf sein Handeln warten und uns dann freudig und von ganzem Herzen in dieses Handeln einbeziehen lassen. Das ist keine Untätigkeit, sondern ein Dasein höchster Aktivität. Wir leben aus seiner Kraft und lassen sein Leben in uns verwirklichen.

»Das Gesetz des Geistes, der lebendig macht«

»So gibt es nun keine Verdammnis für die, die in Christus Jesus sind. Denn das Gesetz des Geistes, der da lebendig macht in Christus Jesus, hat mich frei gemacht von dem Gesetz der Sünde und des Todes« (Rö 8, 1–2).

In Römer 8 nun zeigt uns Paulus die positive Seite des Lebens im Geist. Der Anfang »So gibt es nun keine Verdammnis« mag zunächst fehl am Platze scheinen. Die Verdammnis wurde doch durch das Blut abgewendet, durch welches wir Frieden mit Gott und Bewahrung vor dem Zorn finden (Rö 5, 1. 9). Aber es gibt zwei Arten der Verdammnis, die eine vor Gott und die andere vor mir selbst (ebenso gibt es, wie wir sahen, zwei Arten des Friedens). Die letztere kann uns zuweilen mehr quälen als die erstere. Wenn ich erkenne, daß das Blut Christi Gott Genüge getan hat, so weiß ich, daß meine Sünden vergeben sind, und daß es in Gottes Augen keine Verdammnis mehr für mich gibt. Aber ich erfahre immer noch Niederlagen, und das Bewußtsein der inneren Verdammnis kann ganz stark sein, wie Römer 7 beweist. Wenn ich es aber gelernt habe, Christus als mein Leben zu betrachten, dann kenne ich auch das Geheimnis des Sieges und danke Gott für die herrliche Tatsache: »So gibt es nun keine Verdammnis für die, die in Christus Jesus sind.« »Geistlich gesinnt sein ist Leben und Friede« (Rö 8, 6). Dies darf meine Erfahrung werden, während ich es lerne, im Geist zu wandeln. Mit dem Frieden Gottes im meinem Herzen ist kein Raum mehr für das Gefühl der Verdammnis, sondern nur noch Lob und Dank für den Herrn, der mich von Sieg zu Sieg führt.

Warum aber entstand dieses Bewußtsein der Verdammnis? War es nicht durch die Erfahrung ständiger Niederlagen und völliger Hilflosigkeit? Ehe ich erkannte, daß Christus mein Leben ist, hemmte mich mein Versagen auf Schritt und Tritt. Bei jeder Aufgabe schrie es in mir: »Ich kann es nicht.« So sehr ich mich mühte, ich fand, daß ich Gott nicht gefallen konnte (Rö 8, 8). Aber in Christus gibt es kein »ich kann nicht«. Nun heißt es: »Ich vermag alles durch den, der mich mächtig macht« (Phil 4, 13).

Wie kann Paulus so kühn sein? Mit welcher Berechtigung erklärt er, daß er keinerlei Hemmnisse und Grenzen mehr hat? Die Antwort ist bei Römer 8, 2: »Denn das Gesetz des Geistes, der da lebendig macht in Christus Jesus, hat mich frei gemacht von dem Gesetz der Sünde und des Todes.« Das ist der Grund.

Es gibt »ein Gesetz des Geistes, der da lebendig macht«, und dieses Gesetz hat sich stärker erwiesen als jenes andere »Gesetz der Sünde und des Todes«. Was hat es mit diesen Gesetzen auf sich? Worin besteht der Unterschied zwischen Sünde und dem Gesetz der Sünde; zwischen Tod und dem Gesetz des Todes?

Ein Gesetz beschreibt einen Zustand oder gewisse Verfügungen, die allgemein gültig sind. Einfacher gesagt, ein Gesetz hat mit Vorgängen zu tun, die sich immer wiederholen. Dies gilt für Naturgesetze sowohl wie für menschliche Verfügungen. Wenn ich z. B. in England einen Wagen auf der rechten Straßenseite fahre, wird mich die Verkehrspolizei anhalten, da es gegen das Gesetz des Landes verstößt. Dir wird es unter diesen Umständen genauso gehen aus dem gleichen Grund wie mir. Denn das Gesetz kennt keine Ausnahmen. Oder wir nehmen das Beispiel der Schwerkraft. Wenn ich in London mein Taschentuch fallen lasse, fällt es durch die Wirkung der Schwerkraft auf die Erde. Dasselbe passiert in New York und in Hongkong und wo immer die gleichen Gegebenheiten existieren. Wir haben ein »Gesetz« der Schwerkraft.

Wenn jemand nun eine unfreundliche Bemerkung über mich macht, so lehnt sich in meinem Innern sofort etwas dagegen auf. Das ist Sünde. Wenn aber verschiedene Leute unfreundlich über mich reden und meine Auflehnung immer wieder entsteht, so entdecke ich in mir ein Gesetz der Sünde. Wie am Gesetz der Schwerkraft, so ist etwas Beständiges an diesem Gesetz. So ist es auch mit dem Gesetz des Todes. Wir sagten bereits, der Tod ist Schwachheit im höchsten Grad. Wenn ich versuche, Gott auf eine besondere Weise zu gefallen, so entdecke ich, daß ich es nicht kann. Ich versuche es auf andere Weise und kann es wieder nicht. So entdecke ich in mir ein Gesetz. Nicht nur ist Sünde und Tod in mir, sondern ein Gesetz der Sünde und des Todes.

Das Gesetz der Schwerkraft ist nicht ein Ergebnis menschlicher Debatten und Entschließungen wie etwa das erwähnte Verkehrsgesetz, sondern es ist ein Naturgesetz und muß entdeckt werden. Solcher Art ist das Gesetz, das der Mensch in Römer 7, 23 in sich entdeckte. Es ist ein Gesetz der Sünde und des Todes, das allem Guten entgegensteht und den Willen eines Menschen, Gutes zu tun, verkrüppelt. Er sündigt »natürlicherweise«, weil er das Gesetz der Sünde in seinen Gliedern hat. Zwar möchte er anders sein, aber das Gesetz ist unerbittlich und unumstößlich. Darum dann die Frage: Wie kann ich von diesem Gesetz der Sünde und des Todes befreit werden? Ich brauche gewiß Befreiung von Sünde und Tod, aber am nötigsten brauche ich Befreiung vom Gesetz der Sünde und des Todes. Wie werde ich von der unaufhörlichen Wiederholung meiner Niederlagen frei?

Ein Beispiel aus dem Leben Chinas soll uns zur Antwort helfen. Eine unserer schweren Lasten war die sogenannte likin-Steuer, die niemand umgehen konnte, und die seit der Ch'in Dynastie bestand. Es war eine inländische Steuer auf dem Güterverkehr, die im ganzen Kaiserreich galt und an zahllosen Schranken erhoben wurde. Die Beamten, die die Steuer eintrieben, besaßen große Macht. Das Ergebnis war, daß Güter, die mehrere Provinzen passieren mußten, riesige Zollaufschläge erhielten. Aber vor einigen Jahren trat ein neues Gesetz in Kraft, welches das likin-Gesetz aufhob. Die Erleichterung darüber war ungeheuer. Nun war es nicht mehr nötig zu hoffen, zu beten und darüber nachzugrübeln. Das neue Gesetz war bereits da und hatte uns vom alten Gesetz befreit. Niemand brauchte sich mehr Gedanken zu machen, wie er einem likin-Beamten gegenübertreten würde.

Wie kann das Gesetz der Schwerkraft aufgehoben werden? Ganz offensichtlich ist es in Kraft, wie ich an meinem Taschentuch sehen kann. Ich brauche aber nur meine Hand unter das Taschentuch zu halten und es fällt nicht. Warum? Das Gesetz ist noch in Kraft, ich kann es gar nicht aufheben. Aber mein Taschentuch fällt nicht zu Boden, weil es durch eine andere Kraft verhindert wird. Ein anderes, höheres Gesetz, das Gesetz des Lebens, wirkt dem ersteren entgegen und hebt es auf. Wir sahen alle schon einen Baum, dessen Same zwischen die Pflastersteine gefallen war und so groß wurde, daß er mit seiner Lebenskraft Steinblöcke in Bewegung setzte. So triumphiert ein Gesetz über das andere.

Auch Gottes Weg ist es, uns von einem Gesetz durch ein anderes zu befreien. Das Gesetz der Sünde und des Todes existiert zwar noch immer, aber Gott hat ein neues Gesetz in Kraft treten lassen, das Gesetz des Geistes, der lebendig macht in Christus Jesus. Und dieses Gesetz ist mächtig genug, um uns vom Gesetz der Sünde und des Todes zu befreien. Es ist das Gesetz des Lebens in Christus Jesus — das Auferstehungsleben, das jede Form des Todes besiegt hat (Eph 1, 19—20). Jesus wohnt in der Person des Heiligen Geistes in unseren Herzen, uud wenn wir uns ihm ergeben und ihm freie Hand lassen, so werden wir sehen, daß er uns vor dem alten Gesetz bewahrt. Wir erfahren, was es heißt, nicht von unserer eigenen Kraft, sondern »aus Gottes Macht« bewahrt zu werden (1 Petr 1, 5).

Das Gesetz des Lebens und seine Wirkung

Was bedeutet das alles praktisch? Wir sprachen schon von der Rolle unseres Willens in göttlichen Dingen. Selbst ältere Christen erkennen oft nicht, wie sehr ihre Willenskraft ihr Leben beeinflußt. Das war zum Teil des Paulus Not in Römer 7. Sein Wollen war zwar gut, aber alle seine Handlungen standen im Widerspruch dazu, und je fester er sich entschloß, Gott zu gefallen, in um so tieferen Abgrund geriet er. Er wollte gern das Gute tun, aber er war »fleischlich, unter die Sünde verkauft«. Wie ein Auto ohne Benzin geschoben werden muß und sofort stehenbleibt, wenn es sich selbst überlassen wird, so versuchen viele Christen, durch ihre Willenskraft vorwärtszukommen und empfinden das Christenleben dann als eine furchtbar anstrengende, saure Angelegenheit. Manche zwingen sich sogar, immer wieder »Halleluja« zu sagen, weil sie es an anderen beobachten, aber gestehen sich doch zur selben Zeit ein, daß sie nicht echt dabei sind. Sie wollen mit Gewalt etwas sein, was sie nicht sind, ein vergeblicheres Beginnen, als wollte man Wasser bergauf fließen lassen. Denn das Höchste, was sie erreichen können, ist immer nur ihre Bereitwilligkeit (Mt 26, 41).

Wenn wir uns als Christen so sehr plagen müssen, so kann das nur bedeuten, daß wir eben nicht wirklich sind, was wir vorgeben. Wir brauchen uns nicht zu zwingen, unsere Muttersprache zu sprechen. Wir müssen unsere Willenskraft nur bei Dingen aufwenden, die uns unnatürlich sind. Eine kleine Weile mögen wir dann fähig sein, etwas zu tun, aber schließlich behält das Gesetz der Sünde und des Todes doch den Sieg. Dann heißt es von uns vielleicht: »Wollen habe ich wohl, und das Gute konnte ich zwei Wochen lang vollbringen«, aber am Ende wird doch stehen: »Vollbringen das Gute fehlet mir.« Was ich bin, danach sehne ich mich nicht mehr. Wenn ich etwas »sein möchte«, so heißt das, daß ich es nicht bin.

Man mag fragen, warum wir unsere Willenskraft einsetzen, um Gott gefallen zu wollen. Es kann aus zweierlei Gründen sein. Manche haben die Wiedergeburt noch nicht erfahren und können daher nicht von einem neuen Leben zehren. Andere sind wiedergeboren und haben das Leben, aber sie haben noch nicht gelernt, dieses Leben ernst zu nehmen. Ihr dauerndes Versagen und Sündigen kommt von ihrem mangelnden Verständnis und bringt sie an den Punkt, wo sie es fast für unmöglich halten, daß es etwas Besseres für sie gibt.

Aber unser mangelnder Glaube bedeutet nicht, daß jenes kraftlose Leben, in das wir immer wieder geraten, alles ist, was uns Gott gegeben hat. Römer 6, 23 sagt: ». . . die Gabe Gottes ist das ewige Leben in Christus Jesus, unserem Herrn«, und in Römer 8, 2 lesen wir nun, daß uns »das Gesetz des Geistes, der da lebendig macht in Christus Jesus« zu Hilfe kommt. Es handelt sich also nicht um ein neues Geschenk, sondern um das Leben, das schon in Rö 6, 23 beschrieben ist. Aber es wird uns auf neue Weise offenbart, was wir bereits besitzen. Diese Tatsache kann ich kaum genug betonen. Gott zeigt uns noch klarer, was er uns bereits gegeben hat. Wir entdecken mehr von dem Werk Christi; die Worte »hat mich frei gemacht« stehen ja in der Vergangenheit. Wenn ich das wirklich erkenne und auf ihn vertraue, dann ist die Erfahrung und Haltung von Römer 7 für mich in der Tat unnötig, und ganz gewiß wird es ohne jene gewaltige Willensanstrengung gehen. Wir werden nicht in den Abgrund stürzen, wenn wir, statt zu wollen einfach vertrauen. Wir werden nur in den Bereich eines anderen Gesetzes fallen, unter das Gesetz des Geistes, der lebendig macht. Gott hat uns nicht nur Leben, sondern ein Lebensgesetz gegeben. Wie das Gesetz der Schwerkraft, so beruht auch dieses nicht auf menschlichen Entschlüssen und ist im Prinzip dem Gesetz verwandt, das unser Herz schlagen läßt oder die Bewegung unserer Augenlider kontrolliert. Unser Eingreifen in seine natürliche Funktion könnte sogar eher schaden als nützen, denn es wirkt spontan. Unser Wille steht dem Gesetz des Lebens nur im Weg.

Müssen wir nicht die Bibel lesen? Gewiß. Andernfalls leidet unser geistliches Leben. Aber wir sollen uns nicht dazu zwingen. In uns ist ein neues Gesetz am Werk, das einen Hunger nach der Schrift in uns verursacht. So kann eine halbe Stunde mit dem Wort viel nützlicher sein als fünf Stunden des Lesens, zu denen wir uns zwingen. Und dasselbe trifft für unser Geben, unser Predigen und unser Zeugnis zu. Eine Predigt, zu der man sich zwingt, wird eine frohe Botschaft aus unfrohem Herzen; und jeder weiß, was es mit freudlosem Geben auf sich hat.

Was ist es für eine Aufgabe, einen ungeduldigen Christen geduldig zu machen! Schon das Verlangen, geduldig zu sein, macht ihn völlig mutlos. Aber Gott hat uns nie geboten, uns zu etwas zu zwingen, was wir natürlicherweise nicht sind. Wir brauchen unserem geistlichen Wesen nichts hinzuzufügen. Durch Sorgen kann sich ein Mensch gegebenenfalls kleiner, aber niemals größer machen. »Sorget nicht«, sind Jesu Worte. »Schauet die Lilien auf dem Felde, wie sie *wachsen*!« Der Herr verweist uns auf das neue Lebensgesetz in uns. Daß wir doch von neuem erkennen möchten, was für ein Leben uns gegeben ist!

Es kann wirklich neue Menschen aus uns machen, denn es erweist sich in den kleinsten wie in den größten Dingen. Es mahnt uns, wenn wir in einem fremden Zimmer die Hand nach einem Buch ausstrecken, um hineinzusehen, daß wir nicht die Erlaubnis dafür erbeten haben. Der Heilige Geist macht uns klar, daß wir nicht in solcher Weise auf die Rechte anderer übergreifen dürfen. Ein gläubiger Freund sagte mir einmal: »Ich bin überzeugt, daß ein Mensch, der bereit ist, nach dem Gesetz des Geistes zu leben, im wahrsten Sinne des Wortes ›gebildet‹ wird. Dieses Gesetz hat die Macht, aus einem Menschen gleich welcher Herkunft einen wirklichen ›gentleman‹ zu machen. Wer das Leben des Herrn in sich hat, der kann vom Gesetz gemahnt werden, daß seine Stimme zu laut, sein Lachen unangebracht oder eine Bemerkung taktlos war. Auf tausenderlei Arten kann uns der Geist unterweisen, wie wir wandeln sollen und so wahre Bildung erzielen. Es gibt keine gleichwertige erzieherische Kraft.« Und mein Freund war selbst Erzieher!

Vielleicht gehörst du zu den Menschen, die gern zuviel reden. Wenn du mit anderen zusammenkommst, nimmst du dir vor, um der Ehre des Herrn willen deine Zunge im Zaum zu halten. Das geht eine oder zwei Stunden lang gut, bis durch irgendeinen Anlaß die erzwungene Beherrschung abfällt und du dich plötzlich wieder im alten Fahrwasser entdeckst. Wir können uns mit Sicherheit daran halten, daß unser Wille in einer solchen Situation nichts vermag. Würde ich daran appellieren, so würde ich nichts anderes als die eitle Religion der Welt verkünden, nicht aber das Leben in Jesus Christus. Denn eine geschwätzige Person bleibt, was sie ist, auch wenn sie den ganzen Tag über schweigt, denn sie wird von ihrem natürlichen Gesetz der Geschwätzigkeit regiert. Ein Pfirsichbaum bleibt ein Pfirsichbaum, ob er Früchte trägt oder nicht. Aber als Christen entdecken wir ein neues Gesetz in uns, das Gesetz des Geistes, der lebendig macht, welches alles andere durchdringt und uns bereits von dem Gesetz unserer Untugenden freigemacht hat. Wenn wir uns im Vertrauen auf

Gottes Wort diesem neuen Gesetz anheimgeben, so werden wir von ihm gemahnt werden, wann wir reden oder schweigen sollen, und ermächtigt, danach zu handeln. Auf dieser Basis ist es möglich, daß du zwei oder drei Stunden oder jede beliebige Zeit bei deinen Bekannten verbringst, ohne in den alten Fehler zu verfallen. Und am Ende wirst du nur danken können für das neue Gesetz, das der Herr dir gab.

Das Christenleben ist spontan. Es erweist sich in der Liebe für die Unliebenswerten, für den Bruder, den wir natürlicherweise nicht leiden und gewiß nicht lieben könnten. Unsere Liebe beruht auf den Möglichkeiten, die der Herr in diesem Menschen sieht. »Herr, du siehst, daß er liebenswert ist und du liebst ihn. Liebe ihn nun durch mich!« Und dieses Leben erweist sich in Echtheit des Charakters. Es gibt zu viel Heuchelei und Theater im Leben der Christen. Nichts schadet unserem Zeugnis mehr als das Vortäuschen von Dingen, die nicht wirklich vorhanden sind, denn die Welt durchschaut die Maske unweigerlich und erkennt unser wahres Gesicht. Ja, auch der Schein weicht der Wirklichkeit, wenn wir dem Gesetz des Lebens Raum geben.

». . . die wir nun nicht nach dem Fleische wandeln, sondern nach dem Geist«

»Denn was dem Gesetz unmöglich war (weil es durch das Fleisch geschwächt war), das tat Gott: er sandte seinen Sohn in der Gestalt des sündlichen Fleisches und um der Sünde willen und verdammte die Sünde im Fleisch, auf daß die Gerechtigkeit, vom Gesetz erfordert, in uns erfüllt würde, die wir nun nicht nach dem Fleische wandeln, sondern nach dem Geist« (Rö 8, 3–4).

In diesem Abschnitt werden zwei Dinge behandelt: erstens, was Jesus für uns getan hat, und zweitens, was der Heilige Geist in uns tun wird. Da das Fleisch schwach ist, kann die Gerechtigkeit des Gesetzes »nach dem Fleisch« nicht erfüllt werden. (Wir halten im Auge, daß es hier wieder nicht um Erlösung geht, sondern um die Frage, wie wir Gott gefallen.)

Gott hat wegen unseres Unvermögens zwei Schritte unternommen. Er griff das Übel bei der Wurzel, indem er seinen Sohn ins Fleisch sandte und ihn sterben ließ, wodurch die Sünde im Fleisch verdammt wurde. Alles, was in uns zur alten Schöpfung gehört, ob wir es den alten Adam, das Fleisch oder das fleischliche Ich nennen, wurde von ihm stellvertretenderweise in den Tod geführt. Damit war der eigentliche Grund unserer Schwachheit beseitigt. Das war der erste Schritt.

Es blieb aber immer noch »die Gerechtigkeit«, die das Gesetz von uns erfordert. Um sie zu erfüllen, war es nötig, daß uns Gott mit seinem Heiligen Geist beschenkte. Er ist dazu bestimmt, von innen heraus zu wirken und tut es, wenn wir »nach dem Geist« wandeln. Wie geschieht das?

Zuerst müssen wir festhalten, daß es sich nicht um ein Werk, sondern einen Wandel handelt. Die beschwerlichen, fruchtlosen Versuche, in die ich mich stürzte, als ich Gott »nach dem Fleisch« gefallen wollte, weichen einer ruhigen Abhängigkeit von der »Wirkung des, der in mir kräftig wirkt« (Kol 1, 29). Aus diesem Grund stellt Paulus den »Werken des Fleisches« »die Frucht des Geistes« gegenüber (Gal 5, 19. 22).

»Nach dem Geist wandeln« bedeutet Unterwerfung. Wer »nach dem Fleisch wandelt«, gehorcht den Befehlen des Fleisches, und die Verse in Römer 8, 5—8 zeigen, wohin das führt: in die Feindschaft mit Gott. Wer nach dem Geist wandelt, gehorcht dem Geist. Das einzige, was beim Wandel im Geist unmöglich ist, ist die Unabhängigkeit vom Geist. Die Initiative meines Lebens muß von ihm kommen. Nur wenn ich ihm ganzen Gehorsam leiste, kann sich das Gesetz des Geistes, der lebendig macht, voll auswirken und die Gerechtigkeit des Gesetzes, das heißt alles, was ich tun wollte, um Gott zu gefallen, wird erfüllt, nun aber nicht von mir, sondern in mir. »Denn welche der Geist Gottes treibt, die sind Gottes Kinder« (Rö 8, 14).

Wir kennen alle die Segensformel aus 2 Kor 13, 13: »Die Gnade unseres Herrn Jesus Christus und die Liebe Gottes und die Gemeinschaft des Heiligen Geistes sei mit Euch allen!«

Die Liebe Gottes ist die Quelle aller geistlichen Segnungen; die Gnade des Herrn Jesus hat es ermöglicht, daß dieser Schatz unser wird; die Gemeinschaft des Heiligen Geistes ist das Mittel, durch welches er uns zuteil wird. Die Liebe ist in Gottes Herzen; die Gnade ist der Ausdruck der Liebe und seine Verwirklichung im Sohn, die Gemeinschaft ist die Vermittlung der Gnade durch den Heiligen Geist. Was der Vater für uns geplant hat, hat der Sohn ausgeführt und bringt der Heilige Geist zu uns.

Wenn wir darum etwas Neues am Werk des Herrn für uns entdecken, so wollen wir in völliger Unterwerfung unter den Heiligen Geist bereit sein, daß er es uns persönlich zuteil werden läßt. Denn das ist sein Dienst an uns. Dazu ist er gesandt, daß er in uns verwirkliche, was uns in Christus gegeben ist.

Wir haben gelernt, daß wir in China sehr gründlich vorgehen müssen, wenn wir einen Menschen zu Christus führen, weil man nie weiß, wann er wieder die Hilfe anderer Christen haben wird. Wenn ein Mensch den Herrn gebeten hat, ihm seine Sünden zu vergeben und in sein Herz zu kommen, so versuchen wir ihm klarzumachen, daß sein Herz nun die Wohnung einer lebenden Person geworden ist. Der Geist Gottes ist nun in ihm, um ihm Christus im Wort zu offenbaren, ihm im Gebet zu leiten und sein Leben in die Hand zu nehmen, damit das Wesen seines Herrn in ihm Gestalt gewinnen kann.

Einmal im Spätsommer suchte ich zu einem längeren Erholungsurlaub einen Bergkurort auf. Es war schwierig, dort Unterkunft zu finden, und so schlief ich in einem andern Hause als demjenigen, in dem ich meine Mahlzeiten einnahm. Letzteres gehörte einem Mechaniker und seiner Frau. Abgesehen von einem Tischgebet sagte ich die ersten zwei Wochen nichts vom Evangelium zu meinen Gastgebern. Eines Tages aber kam die Gelegenheit, ihnen vom Herrn zu erzählen. Sie waren zum Hören bereit und wurden durch schlichten Glauben von neuem geboren. Neues Licht und neue Freude kamen in ihr Leben. Es war eine echte Bekehrung. Ich verwandte viel Zeit darauf, ihnen zu erklären, was geschehen war, und dann, als es kälter wurde, kam der Tag, an dem ich wieder nach Shanghai zurück mußte. Während der Wintermonate hatte der Mann die Gewohnheit, bei seinen Mahlzeiten Wein zu trinken, und er neigte dazu, es im Übermaß zu tun. Nach meiner Abreise kam mit dem kalten Wetter auch der Wein wieder auf den Tisch. Wie er es nun gewohnt war, schickte er sich an, vor der Mahlzeit zu danken, aber es kamen ihm keine Worte. Nach weiteren vergeblichen Versuchen wandte er sich an seine Frau und fragte: »Was ist denn heute los? Warum können wir nicht beten? Bring die Bibel und sieh nach, was vom Weintrinken darin steht!« Ich hatte ihnen eine Bibel zurückgelassen, aber obwohl die Frau lesen konnte, kannte sie sich nicht darin aus und blätterte umsonst in den Seiten nach einer Antwort. Sie wußten nicht, wie sie sich aus Gottes Buch Rat holen sollten, und Gottes Bote war viele Meilen entfernt, und es konnte Monate dauern, bis sie ihn wiedersahen. »Trink einfach!« riet die Frau. »Wir werden Bruder Nee bei nächster Gelegenheit darum fragen.« Aber der Mann merkte, daß er Gott nicht für den Wein danken konnte. »Nimm ihn weg!« sagte er schließlich, und als es getan war, beteten sie zusammen über ihrer Mahlzeit. Als mich der Mann später in Shanghai besuchen konnte, erzählte er mir die Geschichte. »Bruder Nee«, sagte er, »›der Herr im Haus‹ ließ mich einfach mein Getränk nicht haben!« »Sehr schön, Bruder«, antwortete ich. »Höre du nur immer auf den ›Herrn im Haus‹.«

Viele von uns wissen, daß Christus unser Leben ist. Wir glauben, daß Gottes Geist in uns wohnt, aber diese Tatsache hat wenig Einfluß auf unser Verhalten. Die Frage ist, kennen wir ihn als lebendige Person und als den »Herrn im Haus«?

11. Ein Leib in Christus

Wir stellten bereits fest, daß Gott mit seiner Schöpfung weit mehr im Sinn hatte, als Adam je erlangte. Dieses letzte Kapitel soll der Ausführung dieses Gedankens gelten.

Fragen wir uns zunächst noch einmal, was der göttliche Plan war. Gott wollte ein Menschengeschlecht, dessen Glieder einen Geist besitzen sollten, der mit ihm Gemeinschaft haben konnte. Dieses mit Gottes eigenem Leben begabte Geschlecht sollte mit ihm auf sein großes Ziel hinwirken, indem es jeden Aufstand des Feindes besiegte und seine bösen Werke vereitelte. Das war der große Plan. Wie soll er nun verwirklicht werden? Im Tod des Herrn Jesus. Es ist ein gewaltiger Tod, dessen Auswirkung weit über die Wiedererlangung einer verlorenen Position hinausgeht. Denn durch diesen Tod wurden nicht nur die Sünde und der alte Mensch überwunden, sondern etwas unendlich Größeres ins Leben gerufen. Um zu verstehen, worum es sich handelt, ziehen wir zunächst zwei Schriftstellen heran, die für diese Frage von großer Wichtigkeit sind. »Da ließ Gott der Herr einen tiefen Schlaf fallen auf den Menschen, und er schlief ein. Und er nahm seiner Rippen eine und schloß die Stätte zu mit Fleisch. Und Gott der Herr baute ein Weib aus der Rippe, die er von dem Menschen nahm, und brachte sie zu ihm. Da sprach der Mensch: Das ist doch Bein von meinem Bein und Fleisch von meinem Fleisch; man wird sie Männin heißen, darum daß sie vom Manne genommen ist« (1 Mo 2, 21–23).

»Ihr Männer, liebet eure Frauen, gleichwie auch Christus geliebt hat die Gemeinde und hat sich selbst für sie gegeben, auf daß er sie heiligte, und hat sie gereinigt durch das Wasserbad im Wort, auf daß er sie sich selbst darstellte als eine Gemeinde, die herrlich sei, die nicht habe einen Flecken oder Runzel oder etwas dergleichen, sondern daß sie heilig sei und unsträflich« (Eph 5, 25–27).

In Epheser 5 haben wir die einzige Stelle in der Bibel, die uns den Vorfall von 1 Mo 2 erklärt. Etwas ganz Köstliches, Bedeutsames ist in den Versen ausgesprochen: »Gleichwie auch Christus geliebt hat die Gemeinde ...« Wir sind es Generationen hindurch gelehrt worden und haben es gelernt, uns als Sünder zu betrachten, die Erlösung brauchen. Damit müssen wir anfangen. Aber es ist nicht, was Gott als Ziel mit uns vorhat. Gott spricht von seiner Gemeinde, »die herrlich sei, die nicht habe einen Flecken oder Runzel, ... die heilig sei und unsträflich.«

So oft definieren wir die Gemeinde Jesu Christi als die »erlösten Sünder«. Das ist richtig, aber es ist nicht alles. Erlöste Sünder bringen uns mit der Vorgeschichte der Sünde und des Sündenfalls in Beziehung. In Gottes Augen aber ist die Gemeinde ein göttliches Werk in seinem Sohn. Der ewige Plan Gottes ist von jeher auf den Sohn gerichtet und besteht darin, daß dem Sohn ein Leib geschaffen werden sollte, in dem sein Leben Gestalt annimmt. Von diesem göttlichen Standpunkt aus steht die Gemeinde jenseits aller Sünde.

So zeigt uns die Stelle im Epheserbrief einen Aspekt des Todes des Herrn, den wir sonst nirgends so klar finden. Im Römerbrief werden die Dinge vom gefallenen Menschen her behandelt. Nachdem wir hören, daß Christus für die Sünder, die Gottlosen, die Feinde starb (Römer 5), werden wir allmählich zu der Liebe Christi (Römer 8, 35) geführt. Im Epheserbrief geht es aber um Gottes Blickpunkt. »... ehe der Welt Grund gelegt war ...« (Eph 1, 4) steht am Anfang, und das Herzstück des Briefes ist: »... gleichwie auch Christus geliebt hat die Gemeinde und hat sich selbst für sie gegeben« (Eph 5, 25). Der Grundton im Römerbrief ist »wir haben gesündigt« und die Botschaft »Gott liebte uns, da wir noch Sünder waren« (Rö 5, 8). Im Epheserbrief aber ist die Liebe Christi gleich der zwischen Mann und Frau. Diese Liebe hat im Grunde nichts mit der Sünde zu tun. Die zitierte Stelle handelt nicht von dem Sühneopfer des Herrn, sondern von der Erschaffung der Gemeinde, für die er sich selbst gab. Um das ganz deutlich zu machen, zieht Paulus das Geschehen von 1 Mo 2 zur Erklärung heran (vgl. Eph 5, 30. 31). Wir haben es hier mit einer überaus wunderbaren Tatsache in der Schrift zu tun, über der wir zur Anbetung kommen, wenn uns die Augen dafür geöffnet wurden.

Von 1 Mo 3 an, von den »Röcken und Fellen« zu dem Opfer Abels durch das ganze Alte Testament finden wir unzählige

Hinweise auf den Sühnetod des Herrn; aber der Apostel nimmt auf keinen davon Bezug, sondern auf 1 Mo 2, einen Hinweis auf den Tod, der nichts mit der Sünde zu tun hat, da sich das Geschehen noch vor dem Sündenfall ereignete. Wir können also nicht sagen, daß Adam einschlief, weil Eva gesündigt hatte. Sie war noch nicht einmal geschaffen, und die Frage von Recht und Unrecht bestand überhaupt noch nicht. Vielmehr ließ der Herr Adam zu dem ausdrücklichen Zweck einschlafen, damit etwas von ihm genommen und zu einem anderen gemacht würde. Er schlief nicht um ihrer Sünde, sondern um ihres Lebens willen. Das ist es, was uns diese Verse sagen wollen.

Gott wollte das Weib (hebräisch »ishshah«). Er ließ einen Schlaf auf den Menschen (»ish«) fallen, nahm eine Rippe aus seiner Seite, machte ein Weib daraus und brachte es zu ihm. Dieses Bild, das uns Gott selbst gibt, zeigt uns bereits den Tod des Herrn Jesus an, jedoch eindeutig nicht als Sühneopfer.

Niemals soll behauptet werden, daß Jesus nicht wegen unserer Sünde starb. Aber wir müssen die Erlösung als eine Unterbrechung ansehen, die nötig wurde, weil der gerade Ablauf von Gottes Plan in katastrophaler Weise durchbrochen wurde. Die Erlösung ist so gewaltig und so wunderbar, daß sie wohl einen breiten Raum in unserem Denken einnehmen soll; aber Gott will uns sagen, daß wir die Erlösung nicht alles sein lassen sollen, als ob der Mensch geschaffen worden sei, um erlöst zu werden. Der Sündenfall ist wahrhaftig ein tragisches Abgleiten und die Erlösung eine herrliche Wiederbringung. Aber nach dem allen bleibt noch das große Werk zu erfüllen, durch welches Gott empfangen soll, wonach er sich sehnt. Denn Gott hat seinen Plan nie aufgegeben.

Adam besaß nie das Leben Gottes, das in dem Baum des Lebens symbolisiert wird. Aber durch das eine große Werk des Herrn Jesus in Tod und Auferstehung wurde uns dieses Leben im Glauben zugänglich. Die Erfüllung des eigentlichen Planes Gottes hat begonnen, wenn wir Christus als unser Leben annehmen.

Adam wurde in einen tiefen Schlaf versetzt. Wir erinnern uns, daß bei Gläubigen für den Tod der Ausdruck »sie schlafen« gebraucht wird, weil der Tod in der Schrift im allgemeinen mit Sünde im Zusammenhang steht. In 1 Mose 3 kam die Sünde in die Welt und der Tod durch sie, aber Adams Schlaf ging dem voraus. Darum ist dieses Abbild verschieden von allen anderen Bildern im Alten Testament, die für Jesus gebraucht werden. Wir finden z. B., daß zur Versöhnung ein Lamm oder Stier geschlachtet wird. Adam aber wurde in Schlaf versetzt, um wieder zu erwachen. So ist sein Schlaf nicht ein Abbild des Sühnetodes, sondern er weist bereits auf das neue Leben der Auferstehung hin. Auch wurde Eva nicht in einem Schöpfungsakt wie Adam geschaffen, sondern von Adam genommen, während er schlief. Das ist Gottes Weise mit seiner Gemeinde. Gottes »zweiter Mensch« erwacht von seinem »Schlaf«, und seine Gemeinde ist in ihm und von ihm geschaffen, um sein Auferstehungsleben Gestalt werden zu lassen.

Gott hat einen eingeborenen Sohn, aber er will, daß ihm Brüder erstehen sollen. Darum wird der Eingeborene zum Erstgeborenen, und statt *eines* Sohnes hat Gott viele Söhne. Das einzige Weizenkorn starb, und viele Körner entstanden daraus. Der Herr Jesus gab sein Leben, und viele Leben kamen daraus hervor. So erklären uns die biblischen Bilder das Geschehen. Zuletzt nun im Epheserbrief ist das Bild für das Neuerstandene nicht eine Vielzahl, sondern ein einziges: durch das Kreuz ersteht die Braut des Sohnes. Christus liebte die Gemeinde und gab sich selbst für sie.

Das lebendige Opfer

Wir sagten, daß der Tod des Herrn in Epheser 5 noch eine andere Bedeutung erhält als in dem bisher behandelten Teil des Römerbriefs. Wir werden nun aber sehen, daß der Römerbrief genau diese Bedeutung als Ziel hat. Die Erlösung bringt uns ja wieder in den geraden Ablauf von Gottes ursprünglichem Plan zurück.

In Kapitel 8 spricht Paulus von Christus als dem Erstgeborenen unter vielen Brüdern, die vom Geist geleitet sind (Vers 14). Darauf schreibt er: »Denn welche er zuvor ersehen hat, die hat er auch verordnet, daß sie gleich sein sollten dem Ebenbilde seines Sohnes, auf daß derselbe der Erstgeborene sei unter vielen Brüdern. Welche er aber verordnet hat, die hat er auch berufen; welche er aber berufen hat, die hat er auch gerecht gemacht; welche er aber hat gerecht gemacht, die hat er auch herrlich gemacht« (Rö 8, 29–30). Die Rechtfertigung führt zur Verherrlichung der vielen, die das Ebenbild des Einen darstellen sollen. Dieses Ziel unserer Erlösung wird auch, wie wir sahen, in der Liebe Christi für die Seinen zum Ausdruck gebracht und ist das Thema der letzten Verse von Römer 8, 35–39. Was hier angedeutet wird, ist deutlich in Römer 12 ausgeführt, wo vom Leib Christi gesprochen wird.

Nach den ersten acht Kapiteln des Römerbriefs folgt eine Art Einschiebung, welche Gottes Handeln an Israel beschreibt, und erst in Kapitel 12 wird das Thema von Römer 8 fortgesetzt. Ganz einfach läßt sich der Inhalt dieser Kapitel folgendermaßen zusammenfassen: Unsere Sünden sind uns vergeben (Kap. 5), wir sind mit Christus gestorben (Kap. 6), wir sind unserer Natur nach völlig hilflos (Kap. 7); darum verlassen wir uns auf den Geist, der in uns wohnt (Kap. 8). Daraus nun folgt: Wir sind ein Leib in Christus (Kap. 12). Dieses Ergebnis ist ganz folgerichtig auf alles Vorhergehende aufgebaut und stellt das eigentliche Ziel dar.

Römer 12 und die folgenden Kapitel enthalten einige praktische Anweisungen für unser Leben. Am Anfang steht noch einmal der nachdrückliche Hinweis auf unsere Hingabe. In Kapitel 6, 13 hatte Paulus gesagt: »Ergebet euch selbst Gott, als die da aus den Toten lebendig sind, und eure Glieder Gott zu Waffen der Gerechtigkeit.« Nun, in Kapitel 12, 1 ändert Paulus das etwas und sagt: »Ich ermahne euch nun, liebe Brüder, durch die Barmherzigkeit Gottes, daß ihr eure Leiber gebet zum Opfer, das da lebendig, heilig und Gott wohlgefällig sei. Das sei euer vernünftiger Gottesdienst.«

Die neue Ermahnung richtet sich an uns als »Brüder« im Sinne der »vielen Brüder« von Kapitel 8, 29. Sie ist ein Aufruf zu einem vereinten Glaubensschritt, dem Hingeben unserer Leiber als lebendiges Opfer für Gott. Der Bereich des einzelnen wird damit verlassen. Nun geht es um den Beitrag aller zu einem Ganzen.

Die Hingabe ist ein persönlicher Akt, aber sie mündet in ein gemeinsames Opfer. Vernünftiger Gottesdienst ist ein gemeinsamer Dienst. Wir brauchen nie das Gefühl zu haben, unser Beitrag sei überflüssig, denn wenn er dem Ganzen dient, ist er Gott wohlgefällig. In diesem Dienst erfahren wir auch »welches da sei der gute, wohlgefällige und vollkommene Gotteswille« (Rö 12, 2), oder, in anderen Worten, wir erkennen Gottes ewigen Plan in Christus Jesus. Wenn sich Paulus in Vers 3 an »jedermann unter euch« wendet, so tut er das im Licht der göttlichen Wahrheit von Vers 5: »... also sind wir viele *ein* Leib in Christus, aber untereinander ist einer des andern Glied.« Mit dieser Voraussetzung werden alle praktischen Anweisungen gegeben.

Das Mittel, in dem sich Jesus in unserer Zeit offenbaren kann, ist nicht der einzelne, sondern die Gemeinschaft. Zwar hat Gott jedem ein Maß des Glaubens ausgeteilt (12, 3), aber allein kann kein Mensch Gottes Bestimmung erfüllen. Ein ganzer Leib ist nötig, um zu der Fülle Christi zu gelangen und seinen Ruhm zu offenbaren. Daß wir das doch erkennen möchten!

Römer 12, 3–6 zeigt uns am Beispiel des menschlichen Körpers unsere Abhängigkeit voneinander. Einzelne Christen sind nur Glieder des Leibes, nicht der Leib selbst, und alle Glieder haben nicht »einerlei Geschäft«. Das Ohr darf sich nicht fürs Auge halten. Auch noch so viele Gebete werden dem Ohr nicht zum Sehen verhelfen, aber der ganze Leib kann durch das Auge sehen. So mag es sein, daß ich nur die Gabe zum Hören habe, aber durch die Hilfe anderer, welche die Gabe des Sehens haben, kann auch ich sehen. Oder vielleicht kann ich gehen, aber nicht arbeiten, und empfange Hilfe von den Händen.

Eine allzuhäufige Einstellung zum Werk des Herrn ist: »Was ich nicht weiß, weiß ich nicht und kann es gut entbehren.« Aber in Christus wissen andere, was wir nicht wissen, und auch wir dürfen durch die anderen davon erfahren. Das ist ein lebenswichtiger Faktor im Leben der Gotteskinder. Wir können nicht ohne einander auskommen. Darum ist die Gemeinschaft im Gebet so wichtig. Gemeinsames Beten ruft den ganzen Leib zur Hilfe auf, wie uns auch in Mt 18, 19—20 gelehrt wird. Ich muß dem Herrn gemeinsam mit anderen vertrauen. Ich muß lernen »Unser Vater . . .« zu beten im Einklang mit dem ganzen Leib Christi. Im Dienst für den Herrn wird die Notwendigkeit der Gemeinschaft völlig deutlich. Ich kann ihm nicht wirklich dienen, wenn ich auf mich allein gestellt bleibe, und Gott selbst scheut keine Mühe, um mir das beizubringen. Er läßt es zu, daß Unternehmungen eingehen, daß sich Türen schließen und ich mit dem Kopf gegen die Wand renne, bis ich einsehe, daß ich die Hilfe des ganzen Leibes ebenso wie die des Herrn brauche. Denn das Leben Christi ist das Leben des Leibes, und seine Gaben werden uns zur Auferbauung des Leibes gegeben.

Der Leib ist nicht ein Bild, sondern eine Wirklichkeit. Die Bibel sagt nicht, die Gemeinde sei wie ein Leib, sondern sie ist der Leib Christi. »Also sind wir viele *ein* Leib in Christus, aber untereinander ist einer des anderen Glied.«

Eine Gruppe chinesischer Christen, unter denen ich einmal war, fand es sehr schwierig zu verstehen, daß der Leib eine Einheit sein sollte, wo sie doch alle getrennte Personen waren. Als ich eines Sonntags das Brot mit ihnen brach, gebot ich ihnen zu Anfang, das ungebrochene Brot genau anzusehen. Nachdem wir es zu uns genommen hatten, konnte ich darauf hinweisen, daß es immer noch ein Brot war, obwohl in allen verteilt. Das Brot war zerteilt, Christus aber ist nicht einmal in diesem Sinne zerteilt. Er ist immer der eine Geist in uns, und wir sind alle in ihm.

Der natürliche Mensch ist das genaue Gegenteil. Das Leben von Adam ist im wesentlichen individualistisch. In der Sünde gibt es keine Gemeinschaft, nur Selbstsucht und Mißtrauen. In meinem Wandel mit dem Herrn merke ich bald, daß er nicht nur meine Sünde und meine eigene, natürliche Willenskraft überwinden muß, sondern daß auch mein Individualismus ein Hindernis für ihn darstellt. Ich bin in meiner eigenen Welt zufrieden und glaube die Vereinigung mit dem ganzen Leib nicht nötig zu haben. Heiligkeit, Sieg und Frucht will ich für mich selbst ganz persönlich, wenn auch aus reinsten Motiven. Aber diese Einzelgängerei kann Gott nicht gefallen. Ich werde darum solange mit ihm uneins sein, bis er mich in dieser Frage zurechtgebracht hat. Gott weiß wohl, daß ich ein Individuum bin, aber er widersteht meinem Individualismus. Nicht die äußere Trennung seiner Kirche, sondern unser eigenes einzelgängerisches Wesen ist das eigentliche Problem.

Auch hier muß das Kreuz sein Werk tun und mich daran mahnen, daß ich in Christus dem alten Leben der Unabhängigkeit gestorben bin, und daß ich in der Auferstehung nicht einfach zum selbständigen Gläubigen an Christus, sondern zu einem Glied an Seinem Leibe geworden bin. Der Unterschied ist riesig. Wenn wir ihn recht erkennen, werden wir aufhören, allein zu gehen und die Gemeinschaft suchen. Das Leben Christi in mir wird vom Leben Christi in anderen angezogen. Eifersucht, Rivalität, meine ganz persönlich gehegten Interessen, Neigungen und Ziele werden verschwinden. Es ist nicht mehr von Bedeutung, *wer* von uns eine Arbeit tut, sondern nur noch, daß der Leib wächst. »Wenn wir . . . erkennen«, sagten wir. Daran hängt alles. Wir müssen den Leib Christi als eine weitere große, göttliche Tatsache erkennen, müssen die himmlische Offenbarung in unser Leben einbrechen lassen, daß wir alle »ein Leib in Christus« sind. Nur der Heilige Geist kann es uns in ganzer Tragweite klarmachen, aber wenn er es tut, wird unser Leben und Wirken dadurch revolutioniert.

»In dem allen überwinden wir weit . . .«

Wir verfolgen die Menschheitsgeschichte nur zurück bis zum Sündenfall; Gott sieht sie von Anfang an. Gott hatte seinen

Plan bereits vor dem Sündenfall und wird ihn in den kommenden Zeitaltern voll zur Ausführung bringen. Gott wußte, daß Sünde und Erlösung sein würden, aber sein großes Ziel, das in 1 Mose 2 angedeutet wird, steht unabhängig davon. Es ist, als überspränge Gott dieses ganze Kapitel der Erlösung und sähe die Kirche in Ewigkeit mit ihrer Aufgabe und ihrer Geschichte, ganz von Sünde unberührt, ganz von ihm. Er sieht sie als den Leib Christi in der Herrlichkeit, die nichts vom gefallenen Menschen an sich hat, sondern nur das Ebenbild des erhöhten Menschensohnes darstellt. So sieht die Gemeinde nach Gottes Herzen aus, so gelangt sie zur Herrschaft.

In Epheser 5 stehen wir innerhalb der Heilsgeschichte, haben aber zugleich durch Gottes Gnade jenes ewige Ziel vor Augen, das in den Worten ausgedrückt ist: »... auf daß er sie sich selbst darstellte als eine Gemeinde, die herrlich sei ...« (Eph 5, 27). Wir erfahren, daß zu dieser Darstellung in Herrlichkeit das reinigende Wasserbad des Wortes nötig ist, denn es sind Schäden zu beheben und Wunden zu heilen. Wie zeigt sich seine Liebe in der kostbaren Verheißung, daß die Gemeinde keinen »Flecken« und keine »Runzel« haben soll! Die Narben der Sünde gehören ja ganz der Vergessenheit an, und auch die Merkmale des Alters und verlorener Zeit sollen verschwinden. Nun ist alles aufgeholt und neu geworden; die Gemeinde ist »unsträflich«, so daß weder Satan noch Dämonen noch Menschen einen Grund zum Tadel haben.

An dieser Stelle stehen wir nun. Die Zeit geht ihrem Ende zu, und Satans Macht ist stärker als je. Wir stehen im Kampf mit Engeln, Fürstentümern und Gewalten (Rö 8, 38; Eph 6, 12), die aufgerufen sind, das Werk Gottes in uns zu zerstören, indem sie die Auserwählten Gottes in vielfacher Weise beschuldigen. Allein sind wir ihnen niemals gewachsen; aber die Gemeinde kann es mit ihnen aufnehmen. Sünde, Selbstvertrauen und Einzelgängerei waren Satans mächtigste Mittel, um Gottes Plan mit dem Menschen zu vereiteln, aber im Kreuz hat Gott sie alle unschädlich gemacht. Wenn wir unseren Glauben auf das gründen, was er getan hat: »Gott ist hier, der da gerecht macht«, »Christus ist hier, der gestorben ist«, dann richten wir eine Front auf, welche die Pforten der Hölle nicht zu überwältigen vermögen. Wir aber, seine Gemeinde, überwinden weit um deswillen, der uns geliebt hat (Rö 8, 37).

R. BROCKHAUS TASCHENBÜCHER

153 Warum gerade ich? v. E. Kobbert
154 Bin kein Mister Niemand v. Linden/Winter
155* Die ewig grünende Tanne v. A. Winnig
156/157 Alle Schafe meiner Herde v. O. F. Lang
158 Er trotzte dem Tod v. B. Wynne
159 Der Hauptmann braucht keinen Urlaub v. G. Rasmussen
160/161 Die Karriere v. G. Irwin
162 Ist das richtig, Herr Doktor? v. M. Kibler
163 Jugend aktuell v. G. Klempnauer
164* Der unsichtbare Partner Kurzgeschichten
165 Kritik und Vertrauen v. H. J. Baden
166 Alles unter einem Dach v. H. Schlunk
167 Ein Mensch wagt zu lieben v. J. H. Oldham
168 Welt in Flammen v. B. Graham
169 Blumen blühen in der Wüste v. D. Winsemius
170/171 Das Testament des Mr. Adam v. E. Goudge
172 Ich — Abdi, der Kameltreiber v. A. O. Schwede
174 Architektur der Schöpfung v. E. Hitzbleck
175 Wenn Sie mich fragen v. C. Richard
176 Mutter Ditta v. A. de Moor
177 Marie Durand v. E. E. Ronner
178/179 Finger an Gottes Hand v. D. C. Wilson
180 Der Mann mit der Laterne v. E. E. Ronner
181 Gott ist jederzeit zu sprechen v. P. Roth
182 Kanzel in der Unterwelt v. F. Gage/S. Redding
183 Lilien auf dem Felde v. W. E. Barrett
184 Man lebt — fragt sich nur wozu? v. K. Vollmer
185/186 Mutter Dittas Vermächtnis v. A. de Moor
187 Sprechstunde für die Frau v. E. Price
188 Das normale Christenleben v. W. Nee
189 . . . und den glimmenden Docht wird er nicht auslöschen v. E. J. Mall

* »Erntebücher« — Besonders klares Schriftbild, auch für ältere und kranke Menschen gut geeignet.

Die Taschenbuchreihe wird laufend fortgesetzt.
Bitte fordern Sie unser Gesamtverzeichnis an.

R. BROCKHAUS VERLAG WUPPERTAL